HAPPY
CHOKIN
LIFE

今も未来も大切にする

しあわせ
貯金生活

ぽち。

自由国民社

ぽち。のプロフィール

北海道在住、社会人4年目の25歳。

以前は一人暮らし、今は二人暮らし。

福祉施設で管理栄養士をしています。

大学4年間で216万円の奨学金を借り、2022年末までに完済することが目標。

Instagram「ぽち。＊管理栄養士の貯金生活＊」で、

真似してもらいやすい貯金方法や料理などについて投稿しています。

はじめに

「今月もお金がない!!」

欲しい物を我慢している、高価な物を買った覚えもない、節約も頑張っているつもり、アルバイトもしている…それなのに貯金が少ない&増えないのが昔の私でした。この頃の私は貯金が少ないからこそ、「お金を使うこと」＝「嫌なこと」「楽しくないこと」だと無意識に感じていました。貯金することは楽しくないし、好きではありませんでした。

「頑張っているつもりなのに貯まらない…」私以外にもこのように感じている方はいるのではないでしょうか？

もしかしたら昔の私も、貯金が苦手だと感じるみなさんも、

自分に合った貯金方法を知らないだけなのかもしれません。

試行錯誤しながら自分に合う貯金方法を見つけてからは、私は貯金が楽しくて仕方がなくなりました。貯金が楽しくなっただけでなく、お金を使うことも楽しくなったのです。そして、貯金にも気持ちにも余裕が出来て、素敵な将来を夢見ることも増えました。

私は難しいことは何ひとつしていません。ちょっと貯金方法を見直しただけなんです。

みなさんも、私と一緒に楽しくお金を貯めたり、使ったり、夢見たりしませんか？

CONTENTS

はじめに ……………………………………………… 2

かわる

貯金が苦手だった私が変わったワケ ……… 8

もともとは貯金が苦手でした… ……………… 10

貯金ヒストリー ……………………………… 12

貯金を頑張れるようになった理由 ………… 14

貯金体質になれたきっかけ ………………… 16

今ではこうなりました ……………………… 18

こぼれ話　やりくり失敗談 ………………… 20

ためる

幸せにお金を使うために

幸せにお金を使うために ……… 22

毎月のお給料、貯金額お見せします！ ……… 24

貯金を頑張りたいあなたに知っておいてほしい貯金用語 ……… 25

貯金の種類 ……… 26

私の貯金額内訳 ……… 28

4つの口座で管理 ……… 29

貯金を始める準備 ……… 30

10の貯金ルール ……… 32

貯金の流れ ……… 38

貯金グッズ ……… 44

同棲費用と家計管理 ……… 46

奨学金について ……… 48

誰も教えてくれない貯金のコツ ……… 50

こぼれ話　身近なやりくり上手さん ……… 54

つかう

毎日の幸せも貯金もどっちも大切　56

生活費と固定費 58

私のやりくり方法 60

私が挑戦したものとしていないもの 64

物を買うときのルール 66

クレジットカードとの付き合い方 68

私がお金を使うもの 70

大調査！ みんながお金を使うもの 72

私のお気に入り 74

お金が貯まるお財布の秘密 75

お金がかからない楽しい趣味 76

大調査！ みんなのお金がかからない楽しい趣味 ... 78

料理について 80

やりくりレシピ 82

貯金体質になるための14日間チャレンジ ... 84

こぼれ話　家計簿を続けられるか不安に思っている方へ 86

ゆめみる

今のこと、これからのこと ………… 88

貯金をしていて良かったこと …………………………… 90

大調査！ みんなが貯金をしていて良かったこと ………… 92

貯金のモチベーションを上げる方法 …………………… 94

大調査！ みんなの貯金のモチベーションを上げる方法 … 96

貯金を楽しく続けるためのマイルール ………………… 98

大調査！ みんなの貯金を楽しく続けるためのルール … 100

貯金を頑張ったらしたいこと …………………………… 102

大調査！ みんなが貯金を頑張ったらしたいこと ……… 104

貯金がうまくいかないときは …………………………… 106

貯金がつらいときは ……………………………………… 108

スパッと解決！ 貯金に関するお悩み ………………… 110

貯金好きあるある ………………………………………… 114

幸せに過ごすためのマイルール ………………………… 116

夢見るこれからのこと …………………………………… 118

おわりに …………………………………………………… 122

かわる

貯金が苦手だった私が
変わったワケ

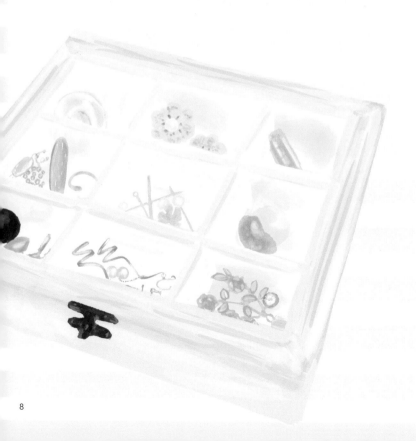

「頑張っているつもりなのに貯まらない…」
そんな私がちょっとしたきっかけで変わっていく。
わくわく、どきどきするような貯金生活のスタートです。

もともとは
貯金が苦手でした…

頑張っている！
はずなのに
全然貯まらない！

社会人になって一人暮らしを始めたものの、

貯金・家計簿を頑張っているはずなのに初めは貯まりませんでした。

その理由は…**家計簿をつけるだけで満足していたから。**

家計簿をつけて満足していただけで、

お金をいくら使ったか確認していなかったのです…。

お給料もすこしずつATMから引き出してました。そりゃいくら使ったかわか

らなくなりますよね。あなたはこんなこと、ないでしょうか？

Check List

☐ 「お金ない！」が口癖

☐ 外食が多い

> 友達とはもちろん
> 一人のときも…

☐ コンビニに寄りがち

☐ 衝動買いが多い

> 服や化粧品が
> どんどん増える！

☐ 「これでいいか」と
妥協して物を買うことが多い

☐ 自分へのご褒美を買いがち

☐ 「今日は特別」がほぼ毎日

☐ ATMから少額ずつお金を下ろす

☐ 毎月何にどのくらいお金を使っているのか
わからない

☐ お金は余った場合のみ貯金

貯金ヒストリー

高校時代とは一変して、浪費の道へ進んでいった大学時代です…。実家暮らしでしたし、アルバイトも大好きで2つも掛け持ちをしていたにも関わらず、ず───っと貯金は増えず。毎月の収入は6〜8万円程度で、全額好きなように使えていたのにも関わらずです！お金が貯まらない原因は"無自覚なチリツモ浪費"でした。講義の合間のお菓子・飲み物、友達とのランチ、アルバイトの休憩時間で食べるコンビニのお弁当、アルバイト後の牛丼（おいしいですよね）。1つひとつは100〜500円くらいなんです。ですが塵も積もれば山となりますよね…。

> サークル仲間との食事会や飲み会も。2次会・3次会も必ず参加となるとお金もかかる…

> 無自覚なチリツモ浪費

大学時代　大学卒業時の貯金　約 **25** 万円

> お金を"稼ぐ"ことだけ学ぶ

高校時代　高校卒業時の貯金　約 **18** 万円

> お金を稼ぐことって大変だ！

アルバイトを通して自分でお金を"稼ぐ"ことの大変さや嬉しさを学びました。ですが！！お金の"使い方"は学ばなかった───。当時の私はそのことに気づかず、お金を稼げるということをただただ嬉しく思っていました。田舎に住んでいたこともあり、「あれが欲しい、これが欲しい」という誘惑も少ない。ましてや学校が終わればすぐ帰るような生活を送っていたので、大きな浪費はせず。大学入学と共に浪費の道へ進むことをこの時はまだ知らない…。つづく。

貯金額
約 191万円

無理も我慢もせず、必要な
ところにはきちんとお金を
使いながらもここまで貯め
られました！

家計管理の見直しを始める

彼氏の貯金額が想像よりも多いことに驚き、
彼氏との将来のためにも貯金を頑張ることを
決意！！家計管理の方法について情報を集
めながら自分に合う貯金方法を探しました！

社会人
1年目
1月

P18から詳しく紹介します

貯金が増えたり減ったり

社会人
1年目
12月

この頃の貯金額
約 20万円

表紙がかわいくて
お気に入りでした

人生で初めての一人暮らし！お金のやりくりを頑張るために市販の
家計簿を購入して記録をつけ始め、毎月の生活費が余った分を
貯金していました。でも全然貯まらなかったのです…。
少しずつ貯まってきたかなと思ったときに、友人の結婚式のお誘
いや旅行など予想外の出費が続きました。友人の結婚式参列は
とても嬉しいことなのに、気持ちよくお金を使えない自分に気づい
てショックを受けました…。
そんな自分とおさらばしたくて、ついに本格的な家計管理の見直
しを始めます。つづく。

貯金を頑張れるようになった理由

キーワードは "自分と大切な人" のために

親孝行・家族孝行 したいから

私がしている貯金のひとつ、
小銭貯金（P.27）は家族のために使うと
決めています。
家族が大好きだからこそ、
お金を貯めることが全然苦ではないんです。
コツコツ貯金して、
現在8万円貯まりました！

お祝い事に 喜んで お金をかけたいから

誕生日・クリスマス・バレンタイン・
友人の結婚式などなど、
誰かのために貯めるお金のすばらしさ!!
誰かが喜ぶ顔を見るのが好きなんです。
結局は自己満足ですが、
私にとっては大切な、貯金を頑張るための
モチベーションです。

マイホームを建てたいから

これから結婚して子どもを産んで、
家族みんなで素敵な一軒家に
住むことが夢です。
家って人生で一番高い買い物に
なりますよね…！
まだまだ先の話ですが、
マイホームを想像すると
貯金を頑張れます。

お気に入りに囲まれた生活を送りたいから

今までは妥協して物を買うことが
多かったのですが、
妥協した物を買っても
「満足できない」「大事に使えない」
「違う物が欲しくなる」の
三重苦に陥ることに気がつきました。
値段に関係なく
お気に入りの物を買うことを
モチベーションに、
頑張ることができます。

少しの我慢が大きな幸せになるから

「コンビニのスイーツを数回我慢しただけで、
欲しかった洋服が買えるかもしれない」
そう思うと少しの我慢は
全然苦ではなくなります！
我慢しすぎてその反動で散財…
なんてことにならないように、
"少しの我慢"が大事です！

貯金体質になれた
きっかけ

家計管理を勉強した

"勉強する""知る"ということは本当に大切です。お金に関する知識が乏しいことに気づかずに社会人になったのは、恥ずかしながらこの私です…。

私の家計管理の教材は Instagram です。

Instagram で家計管理や家計簿を公開されている方はたくさんいます。

その中から自分に合いそうな家計管理方法を探して勉強しました。

ちょっと検索するだけで、自分と同じような給料・生活スタイルの方が見つかります。

"自分と似ている"というのがとても大事なポイントで、

「自分と同じくらいの給料なのに、こんなに貯金してる！ すごい!!」と

貯金のモチベーションアップにもつながります。

この本もみなさんの教材にしてもらえると嬉しいです。

貯金が貯まる
仕組み作りをした

勝手にお金が貯まるような仕組み作りをし
ました。貯金体質になるためにはとっても
大事なことなので、絶対に必要です！
具体的には、収入や支出などのお金の把
握、毎月の貯金額の設定、お給料の仕分
け方法などなど。詳しくはP.38からの「貯金の流れ」のページで
ご紹介しますね！仕組み作りさえしてしまえば、

毎月同じことの繰り返しをしているだけで貯まります。

手作り家計簿を作った

以前は市販の家計簿を使っていました。
でも人によってお金の使い方が違うので、
あまり使わない項目があったり、必要な項目がなかったり。
デザイン重視で購入してしまったということもあって、
私には使いこなせませんでした。
「使いこなせない家計簿を買うのはお金の無駄！」
「必要な項目があるかわいい家計簿が欲しい」
と思った私は、Instagramで
いろんな方の家計簿を参考にしながら
手作りの家計簿を作りました！
手作りの家計簿についてはP.124も見てくださいね。

今では
こうなりました

「お金がない!」が
口癖だった私が
お金を貯められるようになりました!!

今の私は、

貯金することが好きになった

お金を使うことも好きになった

メリハリをつけてお金を使えるようになった

計画的にお金を貯められるようになった

気持ちに余裕が持てるようになった

のです。

以前は貯金額が増えたり減ったりして

毎月順調に増えているとは言えませんでしたが、

今では毎月きちんと増えています。

自分自身とても驚いているのですが、家計管理を見直してからは

家計がマイナスになった月がなく、いつもプラスです！

大きく変わったことは、**貯金することが好きになった**ことです。

好きなことって続けられますよね？

家計管理を見直してから約2年経ちますが、

三日坊主だった私が家計簿を続けられています！

ちょっと家計管理に時間をかけるだけで、お金が貯まるんです。

それが嬉しくて楽しくて、貯金を頑張ることができます！

お金に余裕ができたことで**気持ちにも余裕が持てる**ようになりました。

本当に欲しい物だけを買うようになったからなのか、

お金を有意義に使えているので**毎日の満足度も高い**です！

やりくり失敗談

「やりくりを頑張っているつもりなのになぜかお金が貯まらない…」
そんなふうに思っていたときのやりくり失敗談です。
みなさんもやりくりを失敗された経験はありませんか?

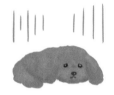

作り置きで
食費を減らすはずが…

1週間分の作り置きを頑張って作ったことがあります。「月曜日はこれを食べて、火曜日はこれを…」としっかり計画していました。安い食材で作ったこともあり、「私ってやりくり上手!」なんて思っていたら、急に友人からお誘いがあり、飲み会に行ってしまいました…。結局は作り置きも全部食べられなくて、処分することになりました。この出来事があってからは、作り置きをたくさん作ることをやめました。

作り置きは食べられる分だけ作る

当たり前ですよね…。やりくりのために作っても、
食べられなかったらもったいないだけです。

冷凍庫も上手に利用する

あとは焼けばいいだけなど、冷凍可能なおかずを
作っておくと保存が利くので便利です!

パッと見で洋服を買って
大失敗した話

おしゃれなセール中の洋服を発見。じっくり見たり試着したりする時間がな
かったのですが、「セールをしているし、買わないと損!」と思い、その場の
勢いで購入しました。そして、家に帰って袋を開けてびっくり。なんと背中が
すごく開いているデザインで着られない! 1回も着ないでリサイクルショップへ
売ることになりました…。

その場の勢いで購入しない

しっかり考えて、それでも欲しかったら買いましょう。

安さが理由で購入した
掃除機が使いづらい…

一人暮らしを始めるときに、安いという理由で選んだ掃除機を今でも使って
いるのですが、使いづらいんです。掃除機をかけているとすぐに倒れるし、コー
ド付きの掃除機なので出すのが面倒くさくて。あのとき、家族は違う掃除機
を勧めていた気がします…。

安いという理由だけで買わない

もちろん安くても良い商品はたくさんあります!
きちんと使い勝手を調べたり、
実際に目で見て確認したりしてから購入しましょう。

21

ためる

幸せにお金を使うために

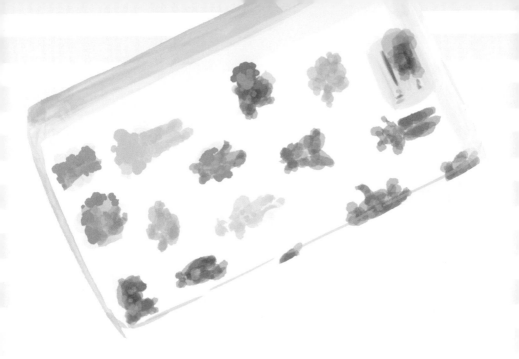

何でお金を貯めたいんだっけ？

そう、お金は「つかう」ために「ためる」のです。

「つかう」ために貯金を頑張るんだと思うと、

わくわくしてきませんか？

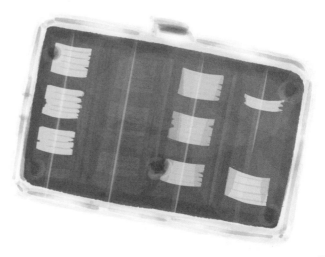

毎月のお給料平均

166,000円（手取り）

住宅手当、通勤手当、資格手当、寒冷地手当などが含まれています。

ボーナス
640,000円

年3回いただいています（夏季：25万円、冬季：36万円、期末：3万円）。

毎月のお給料、貯金額お見せします！

毎月の貯金平均

お給料はそんなに多い金額ではないですが、毎月ほどよく貯めています

先取り貯金

普通貯金
25,000円

奨学金貯金
20,000円

カップル貯金
5,000円

余り貯金

特別費貯金
約18,000円

小銭貯金
約3,800円

「先取り貯金」「余り貯金」については、P.25で紹介しています。

先取り貯金

あらかじめ金額を決めて、お給料をもらったらすぐに貯める貯金のこと。
言葉通り "先に" 貯める
貯金のことです！

余り貯金

毎月の生活費の残り（余り）を貯める
貯金のこと。
余った分なので毎月の
貯金額には差がでます。

NMD

NMD ＝ ノーマネーデー、お金を使わなかった日のこと。
家計アカウントの中でよく使われている用語です。

\ 覚えておこう！ /

貯金を頑張りたい
あなたに
知っておいてほしい

貯金用語

固定費

行動や選択に関係なく、あらかじめ支払うことが決まっている費用のこと。
家賃・水光熱費・通信費・保険代など。

特別費

急な出費や年間を通して必要になる
費用のこと。
誕生日プレゼント・車検・結婚祝いなど。

変動費

行動や選択によって支払額が変わる
費用のこと。"生活費" とも
言います。食費・外食費・
日用品費・娯楽費など。

貯金の種類

1 普通貯金
将来のための貯金

手を付けない！
貯めるだけの貯金！

"将来のため"という大きな目的の貯金です。
この貯金には手を付けないルールにしていて、毎月定額を貯めています。
少しずつですが確実に貯まっています！

2 奨学金貯金
奨学金を繰り上げ返済するための貯金

余裕があるうちに
計画的に返そう！

毎月の返済額よりも少し多い金額を、毎月貯めています。
独身で自由に使えるお金が多いうちに早く返すことを
決意してから、コツコツ頑張っています！
社会人5年目の年末に完済することを目標にしています。

3 カップル貯金
同棲と結婚のための貯金

お互いの負担に
ならない程度の
貯金額で！

同棲費用を貯めることを目的として始めた貯金です。
"あくまでもお互い無理せず、貯められる金額で"という
ルールで貯金額を決めました。
約1年半で20万円程貯まり、同棲費用の足しにすることができました。
同棲を始めた現在は結婚資金を貯めることを目的にしています。

4 小銭貯金（500円）
家族のために使う貯金

"家族"のために
無理せず貯める！

小銭貯金の500円は家族のために使うと決めています。
1か月分の貯金額を記録したあと、"貯金本"に保管しています。
大学生の時に友人がプレゼントしてくれたものです！

これは私がしている貯金ですが、自分に合った貯金を選びましょう！
他にも旅行貯金や推し貯金などをしてもいいですね。

5 小銭貯金（1～100円）

普通貯金の足しにするための貯金

「塵も積もれば
山となる」は
本当です。

買い物から帰ってきたあとに、お財布に入っている
小銭をコインケースに移して貯金しています。
1か月の小銭貯金額を家計簿に記入した後は、
コインケースから貯金箱にお金を移します。
貯金箱のお金は年末にまとめて普通貯金口座に入金しています！
普段はお財布に小銭が入っていない状況なので、「お札を崩したく
ない…！」という気持ちが無駄遣いの防止に繋がります。

6 特別費貯金

急な出費や年間を通して必要になる費用に
備えるための貯金

"使っていい"貯金で
気持ちに余裕を！

家計管理のキーポイントになる貯金です！
毎月の生活費の余りを特別費貯金として貯めています。
この貯金があることで普通貯金に手を付けずにすむので、
私の家計管理ではとっても大切な貯金なのです…！

7 その他積立

あらかじめ必要になることがわかっている出費に
備える貯金

計画的に
お金を用意する！

帰省費・お年玉などなど。特別費貯金からお金を使ってもいいのですが、
「今月はお金に余裕がありそうだなー」というときは、
先に給与からよけて別で用意するようにしています。
積み立ててお金を用意するか、特別費貯金からお金を使うかは、
その時の家計状況や気分で決めることが多いです。
ゆるーいルールで大丈夫！

私がこれまでに貯金した
金額です（2020年まで）。

私の 貯金額内訳

普通貯金
↳ 670,000 円

もしもの時のために
貯めておきたいですね。

奨学金貯金
↳ 1,000,000 円

一番頑張っている
貯金です。

カップル貯金
↳ 40,000 円

結婚に向けて
頑張ります！

特別費貯金
↳ 123,000 円

貯金を楽しむための
大切な貯金です。

小銭貯金（500円）
↳ 83,000 円

コツコツ
貯めています！

合計 1,916,000 円

元々貯金が苦手だった私の
リアルな貯金額です。
これからも頑張ります！

4つの口座で管理

私が利用している口座は4つ。目的別に使っています。

- **給与振込、クレジットカード引き落とし、公共料金引き落とし口座**（地方銀行）
  この3つは1つの口座にまとめた方が管理しやすいです。
- **普通貯金口座**（ゆうちょ）
- **奨学金貯金口座**（地方銀行）
- **カップル貯金口座**（地方銀行）

口座を分けるメリット
↳ 貯金額がいくらあるのかわかりやすい！

口座を分けるデメリット
↳ 各口座に入金するのが面倒くさい…。

暇な時にまとめて入金することで解決！

YES!

セクションファイル（P.44で説明しています）の封筒に保管しておいて、数か月分まとめて入金することもあります。
入金のたびに通帳に記帳をして、
貯金額を「見える化」することでモチベーションもアップ！

貯金を始める準備

実際に貯金を始める前に、2つのステップで考えてみましょう。

Step 1
自分の収入・固定費・貯金額・特別費について考えましょう!!

❶収入を確認 ⟶ ❷固定費を確認

収入

　　　　　　　円

（手取り金額）

固定費

例：家賃　　50,000円
　　電気代　　5,000円

合計　　　　　　　　　　　　　　円

Step 2
貯金額を決めましょう!

❶どんな貯金をしたいのか
　考えましょう。

普通貯金・奨学金貯金・小銭貯金・特別費貯金・カップル貯金など。何のために貯めるのか、目標があった方が頑張れます。
自分に合った貯金を選びましょう。

❷それぞれの貯金額を
　決めましょう。

全体の貯金額の中から優先順位に合わせてお金を振り分けて決めましょう。

❺まとめてみましょう！

家計簿をつけるために
とっても大事な数字です！

収入		円
固定費		円
貯金額		円
特別費		円

❸貯金額を決める ⋯⋯⋯⋯⋯> ❹特別費を確認

貯金額

1か月で

円

貯金額を決めるポイント

① いくらなら無理せずに
　貯められるか。

② いつまでに
　いくら貯めたいか。

③ ①②もわからないという方は
　手取りの10%から
　始めてみてはどうでしょうか。

特別費

1年間でどんな出費があるのか
予想してみましょう。

例：1月 お年玉　10,000円
　　2月 コンサート　20,000円

1年間で　　　　　　　　　　　円

大変で面倒くさいかも
しれないですが、貯金する
ためには大切なことです！

❸特別費はどうやって
　用意するか決めましょう。

生活費でまかなうのか、毎月積み立てて用意する
のか、ボーナスから用意するのか。
どうやって用意するかを決めておくことで、計画的
にお金を用意でき、お金がなくて焦ることもなくなり
ます。

❹それぞれの貯金のルールを
　決めましょう。

先取り貯金にするのか、生活費の余っ
た分だけ貯金するのか。
確実に貯めたいものは先取り貯金に。
優先度が低くて、あれば嬉しい貯金は
余り貯金がおすすめです。

一緒に頑張ろう！

31

10の貯金

Rule 01

貯金専用口座を
作る

Rule 02

家計管理グッズは
プチプラで

Rule 08

自由費で1か月
好きなように
暮らす

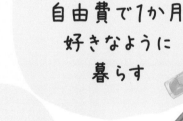

Rule 06

給料日にまとめて
お金を下ろす

Rule 07

下ろしたお金を
仕分ける

Rule
03
毎月の固定費等
を把握する

Rule
04
先取り貯金を
する

Rule
05
自由費
（生活費）を
計算する

ルール

それぞれのルールについて、
次のページから詳しく紹介します！

Rule
09
家計簿の記録に
時間をかけない

Rule
10
自由費の残りは
ピンチのときのために
貯めておく

貯金専用口座を作る

お金を入金するだけ・お金を引き出さない口座を
作ることをおすすめします！
公共料金やクレジットカードの引き落としとは別の口座を作ることで、
貯金がいくらあるのか把握しやすくなります。
どんどん増えていく貯金額を見ることでモチベーションアップにもつながりますよ！

家計管理グッズはプチプラで

まずは**プチプラのものを必要最低限**
そろえると良いです！
貯金できるようになってきてからお気に入りのもの
に買いかえる方が良いかもしれません。
安くても可愛くて使い勝手がいいものも
たくさんありますよ。
私が使っているものはプチプラなものばかりです！

Rule 03 毎月の固定費等を把握する

水道・ガス・電気などの公共料金や携帯代、車のローンなどを把握しましょう。

固定費がいくらかかっているのかわからずに生活するのは危険です！

「今月は貯金できたぞー」と思っても、「実は公共料金の支払いがまだだった！」なんてことも。

先を見越して、今月の固定費はいくらなのかを把握しておくことが大切です。

その月に引き落としになるクレジットカード使用金額も把握しておくといいですね。

Rule 04 先取り貯金をする

余ったら貯めようと思っていると、なかなか余らなかったりしませんか？

そんな方には、**給与から先に貯金するお金をよけておく"先取り貯金"**
をおすすめしたいです！

先取り貯金の良いところは毎月決まった金額を貯められるので、

先の見通しがつきやすいことです。

（先取り貯金に手をつけなければ！です！笑）

Rule 05 自由費（生活費）を計算する

手取り給与－（固定費＋先取貯金）＝自由費（生活費）

手取り給与がいくらかわかったら、この計算式に当てはめて計算しています。

Rule 06 給料日にまとめて お金を下ろす

1か月に必要な金額をまとめて下ろします！

ATM でちょこちょこお金を下ろしてしまうと、ひと月にいくら使ったのか

わからなくなってしまいます。

また、ATM の手数料がもったいないので "まとめて" 下ろすのが大事です！

Rule 07 下ろしたお金を 仕分ける

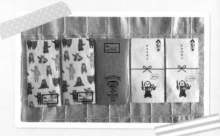

手作りの家計簿（P.124）を確認しながら、

先取り貯金・固定費・生活費にお金を分けます！

この仕分ける作業がとても大事です。

Rule 08 自由費で1か月 好きなように暮らす

仕分けた生活費でやりくりします！

何にお金をかけても良いのです。

推しにお金をかけようが、デパコスを買おうが良いのです。

でも、『生活費内で』というのが大事なルール

です。

貯金には手を付けずに、1か月楽しくお金を使います！

（「急な出費でお金が足りなくなったときはどうするの!?」と

いう場合は、Rule10 で対処方法をご紹介します）

家計簿の記録に
時間をかけない

丁寧に時間をかけて細かく記録することはもちろん素晴らしいことなのですが、

面倒くさがりの私には続けられないので、

必要最低限のことしか記録しません。

記録の頻度も週に1、2回と少ないです。

「こんなんで貯まるの!?」と思う方がいらっしゃるかもしれませんが大丈夫です。貯まります。

自由費の残りは
ピンチのときのために貯めておく

急にお金が必要になるときは絶対にあると思います！

そんなときは貯金を切り崩すのではなく、

"使っていい貯金"からお金を使う

ようにしています。

この"使っていい貯金"のことを

特別費貯金と呼んでいます。

貯金専用口座のお金に手をつけずにいられるのは、

この貯金のおかげです。

何度もお世話になっています…（いつもありがとう）。

貯金の流れ

給料日前日から次の給料日前日までを1つのサイクルにする、
シンプルな仕組みです。

基本の一人暮らし用家計簿の書き方

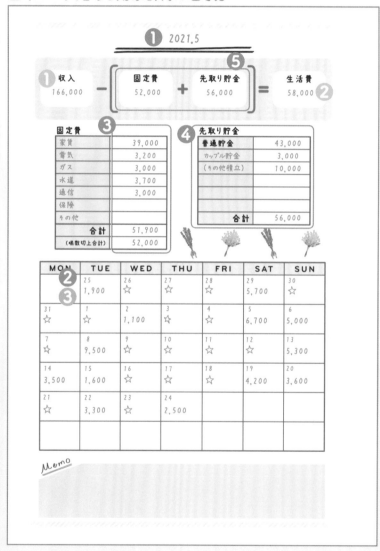

ここで紹介している「基本の一人暮らし用家計簿」や「貯金記録表」などを
ダウンロード特典としてご用意しています。P.124をご覧ください。

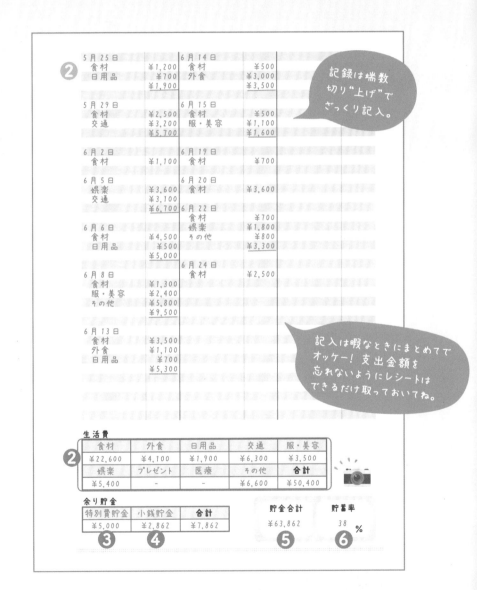

	食材	外食	日用品	交通	服・美容
	¥22,600	¥4,100	¥1,900	¥6,300	¥3,500
	娯楽	プレゼント	医療	その他	**合計**
	¥5,400	-	-	¥6,600	¥50,400

余り貯金

特別費貯金	小銭貯金	**合計**
¥5,000	¥2,862	¥7,862

貯金合計	貯蓄率
¥63,862	38 %

給料日前日

❶ 年と月を記入

家計簿上部に年月を記入します。

❷ カレンダーに日付を記入

カレンダーに給料日始まりで日付を記入します。

❸ 固定費の把握

家計簿の固定費欄に金額を記入します。
使用料金がわかり次第、家計簿に金額を記入しています。

❹ 先取り貯金の把握

家計簿の先取り貯金欄に金額を記入します。ほとんど毎月同じ金額を貯めています。

❺ ❸と❹を計算式に記入

固定費・先取り貯金を計算式に記入して、後は収入を記入するところまで準備しておきます。そうすることで給料日当日はスムーズに銀行にお金を下ろしに行けたり、お金の仕分けをしたりできます。

給料日

❶ 収入の把握

家計簿上部の計算式に収入を記入します。

手取り金額で
記入しよう！

❷ 計算して生活費を求める

家計簿上部の計算式を求めて記入します。
1か月をやりくりするための生活費がいくらなのかわかります！

❸ 給与をまとめて下ろしてくる

給与振り込み口座から、先取り貯金と生活費をまとめて下ろしてきます。

給与振込口座と公共料金・クレジットカード引き落とし口座が同じ場合は、その金額は下ろさないでそのまま口座に残しておく。口座が違う場合はお金を下ろし、各引き落とし口座に入金する。

給与振込口座と公共料金・
クレジットカード引き落とし口座は、
同じにした方が楽だよー！

次の給料日まで

❶ 好きなようにやりくりをする

生活費内で収まるなら好きなように生活費を使っていいルールです。

❷ 支出の記録

家計簿に支出の記録をします。項目ごとにざっくりと記入しています。

❸ カレンダーに出費を記録

お金を使った日は、その日の出費合計金額を記入します。
お金を使わなかった日は好きなマークを描いたりシールを貼ったりして、貯金のモチベーションアップ！

❹ 小銭はコインケースに

買い物から帰ってきたときor支出の記録をするときに、お財布に入っている小銭はコインケースに移します。

> 「買い物の頻度が多くて、小銭が毎日できるよー」という人は小銭貯金の負担が大きくなりがちなので、買い物から帰ってきたときではなく、週末にお財布に入っているお金をコインケースに移すルールにするのがおすすめ！

給料日前日

❶ お財布を空にする
小銭はコインケースに、お札はお財布から抜いてよけておきます。

❷ 生活費項目ごとの合計金額を計算する
食材費・外食費など、それぞれの項目の1か月分の支出合計を
計算して記入します。

❸ 余ったお札を数える
生活費で使わなかったお札を数えて特別費貯金欄に記入します。

❹ コインケースの小銭を数える
数えた金額を小銭貯金欄に記入します。

❺ 貯金の合計金額を計算する
先取り貯金と余り貯金（特別費貯金と小銭貯金）の合計を計算
して、貯金合計欄に記入します。

❻ 貯蓄率を計算する
貯金額÷手取り収入×100で計算し、貯蓄率の欄に記入します。

❼ 貯金記録表に各貯金の記入
各記録表に今月の貯金額を記入します（P.43）。

貯金記録表の書き方

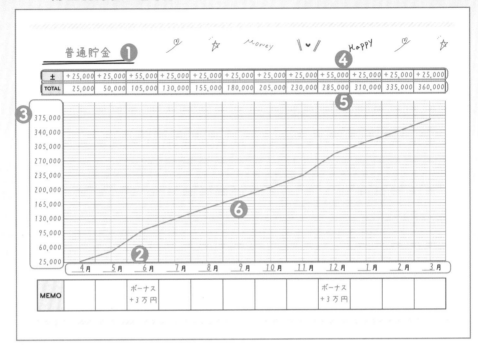

① 貯金名を記入

「普通貯金」「カップル貯金」など、貯金の種類を記入します。

② 月を記入

開始月から12か月分を記入します。

③ グラフの縦軸に値を記入する

目標金額を考えながら、バランス良く値を記入します。

④ その月の貯金額を記入する

予定より少ない月やボーナスの分多い月など、イレギュラーな場合もあるかもしれません。

⑤ 今までのトータルの貯金額を記入する

④の数字を足していきます。

⑥ 折れ線グラフを書く

⑤の値の場所を線でつなぎます。

イルビゾンテのお財布

お札入れが2つに仕切られていたり、
カードポケットは6つと程良かったりで
使い勝手が良いです。
そして見た目がかわいいことが一番のお気に入りです!
一人暮らしのときはこのお財布のみでやりくりしていまし
た。同棲を始めてからは自分の自由費専用のお財布と
して使っています。

貯金グッズ

私の貯金生活を支えてくれている
8つのアイテムをご紹介します。

サンヒデアキミハラのお財布

同棲を始めるにあたって使い始めたお財布です。
二人分の生活費をやりくりするために使っています。
とてもコンパクトなので、お財布を2つ持ちしていても
邪魔にならないのが嬉しいです。
このお財布も見た目が本当にかわいいです…!

セクションファイル

各貯金や生活費・通帳を、
このセクションファイルにまとめて
保管しています。
全部ひとつにまとめられるので
管理がしやすいです!

家計簿

「これがないと家計管理ができない!!」
というくらい、私にとって大切な手作り家計簿です。

ファイル
B5のファイルです。ダイソーで購入しました。

ルーズリーフ
無地のB5サイズのルーズリーフです。
こちらもダイソーで購入しました。

封筒

お金を各貯金などの種類ごとに分けています。

コインケース

小銭貯金用に使っています。
Seriaで購入しました。

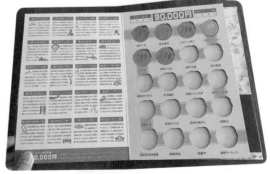

電卓

家計管理をしっかりするなら、
スマホの電卓機能よりも、
押し間違いが少なくなる電卓の方が
計算しやすくてお勧めです!
これはCASIOの電卓で
大学生の頃から使っている物です。

貯金本

500円玉貯金のために使っています。
本の中に500円玉を入れる穴が開いていて、
1枚入れるたびに日本全国旅した気分になれる
というものです。もう少しで日本一周できそう…!

同棲費用と家計管理

一人暮らしから
彼氏と一緒の生活へ。
始めるまでと
始めた後のお金について。

毎月の同棲費用平均
（二人のお金）

家賃 **57,000円**
水道 **3,000円**
電気 **16,000円**
生活費予算 **40,000円**
カップル貯金 **10,000円**

オール電化、
冬3か月間
の平均

この予算の中で二人分の
食材費・外食費・
日用品費をやりくり

共同財布でやりくり

共同財布とは、二人が生活するうえで必要なお金をまとめて管理するためのお財布のことです。私たちはお互い2万円ずつ出し合って合計4万円で1か月やりくりしています。このお金からやりくりするのは食材費と日用品費です。それ以外の出費はそれぞれ個人の自由費からお金を出すようにしています。

同棲費用は事前に積立

カップル貯金として少額ですが毎月貯めていました。
引っ越しまでの大体1年半で20万円用意することが
できましたよー！

いいところ

心配なところ

個人で自由に使えるお金が多くなる

自由に使えるお金が比較的多いので、同棲を始めたことによるお金の不満は全くないです！甘い考えかもしれませんが、まだ結婚しているわけではないし、今のうちに自分の好きなようにお金を使って楽しく生活することも大切かなと思います。

「私の方が多く払ってない!?」という不満がなくなる

最初に同じ金額を出し合うので"私の方が"という不満を持ちづらくなります。

一人暮らしのときよりも多く貯金ができる

私の場合は、一人暮らしより二人暮らしの方が自由に使えるお金が増えて、多く貯金することができています。余裕ができた分、毎月の普通貯金の金額を増やしました。

それぞれが貯金を頑張る必要がある

お互い自由に使えるお金が多い分、それぞれの貯金の頑張り方によって差が出てきます。
私も頑張ろうと思います…！

「この出費は共同？個人？」問題

出費によっては何費なのかわからなくなることがあるかもしれません。
そういうときは臨機応変に考えることや、ちょっとしたお金の分類ルールなどを二人で決めておくことで解決できます◎

同棲費用の内訳

ほとんどは私が一人暮らしのときに使っていたものを持ってきたので、買い足した大きなものはソファー・ダイニングテーブルセット・キッチンボードくらいです。後は、ちょっとした収納ケースや生活に必要なものを少し買いそろえるだけで済みました。

賃貸の初期費用
↳約200,000円

前の部屋の退去費用
↳30,000円

引っ越し費用
↳0円

自分たちでやりました！

家具や生活用品
↳180,000円

奨学金について

奨学金を借りたら返すのが大変？
いつまでに返せばいいの？
そんな疑問に答えます！

平成29年度（2017年度）

重

返還のてびき

―平成29年10月から平成30年9月

皆さんからの返還金は，後輩の奨学金と
最後まで責任を持って返還しましょう

奨学金はダメなものじゃない

奨学金って正直にいうと返すのがとても大変です。

たった4年間で借りたお金を長い年数をかけて返すことになります。

ですが、奨学金を借りたおかげで大学に通うことができたし、

何より、大好きな両親の負担を少しでも軽くすることができたことが

一番うれしいです。

そして、そう思える自分を誇らしく思ったりもします。

もちろん奨学金を借りていない人を羨ましく思うことはありますよ！

奨学金を借りていなければもっと貯金をできていたかもしれません。

ですが、奨学金を借りていたからこそ今の自分がいて、

貯金を頑張ろうって思えているのだと思います！

奨学金貯金とは

奨学金という名の"借金"を早く返すために始めた貯金です。

毎月の返済額の他にお金を貯めて、

予定よりも早く奨学金を完済するために頑張っています！

借りた金額　4年間で **2,160,000**円（利子なし）

毎月の返済額　約**13,000**円 ◀ 普通に返していたら約14年かかります

そこで！

奨学金貯金　毎月　**20,000**円（返済額含む）

ボーナス　**250,000**円（年間）

1年の合計　**490,000**円（年間）

2018年10月から
2022年12月までの
4年3か月で
完済予定！

利子がないのに
繰り上げ返済をする理由

利子がないので本当は急いで完済する必要はありません。

ですがこれから先、結婚、出産、育児をする将来を考えたときに、

少しでも借金がない状態で毎月のやりくりを頑張りたいと思ったのです。

あと、今は独身で自由に使えるお金が比較的多いので、余裕があるうちに返そう

と思って頑張っています！

私は繰り上げ返済することを選びましたが、繰り上げ返済するもしないも個人の

自由なので、自分に合った方を選ぶといいですよ。

貯金のコツ

YES!

貯金を始める、続けるにはちょっとしたコツがあります。
"シンプルに" "ゆる〜く" が大切です！

家計簿は"給料日始まり"で

家計簿をつけるにあたって、
家計簿の始まりを月初めの1日にするか
給料日にするか悩みますよね？
私は給料日始まりをおすすめします！
理由は簡単、
お給料をもらったその日から
お金を使いたいからです。
数日間お預けなのは辛くないですか？

毎月の貯金額は
将来を想像して
決める

毎月の貯金額を決めるときは
ちょっと先の未来を想像してみるの
が良いですよ！
たとえば毎月2万円貯めるとします。
半年後は12万円、
1年後は24万円貯まりますよね？
その金額を少ないと感じるか、
多いと感じるかによって
貯金額を調整してみてください。

生活費は
少し多めにしよう

ぎりぎりな金額に設定してしまうと、
急な出費があったときに
対応できません。
それに毎日の生活が楽しくなくなって
しまいますよね…。
余裕は大事です！

お金を下ろすのは1か月に1回

何度もATMでお金を下ろしてしまうと手数料がもったいないのと、
いくら使ったかわからなくなってしまいます（恥ずかしながら体験談です…）。

細かいことは
気にしなくて
いい

「合計金額が合わない！」
「レシートをなくして、いくら
使ったかわからなくなった！」
などは
気にしない、気にしない！
少しくらいゆるい管理の方が
続けられますよ！

あらかじめ必要だと
わかっている
お金はよけておく

友達の誕生日会とか飲み会など、
あらかじめ予定が決まっている場合は、
その分のお金は
よけておくのがいいですよ！
予定を忘れていて金欠で行けない…
なんてことになったら悲しいですよね。

結局は
手元に残った
お金がすべて

これが細かいことを
気にしなくていい理由です。
結局は、1か月生活してみて
手元に残ったお金がすべてです！
家計簿の記録と
ぴったり合っているかなんて、
実は気にする必要は全くないかも
しれません。

貯金は
先取りで

貯金が苦手だという人は、
余った分を貯金することが多いと
いう印象があります。
貯金が得意な人は
余った分を貯金しても問題なく
貯められるのでしょうが、
自信がない人は先取りにしましょう！

出費の端数は
"切り上げ"で

たとえば、98円の物を購入したとき
は100円と記録します。
こうすることで計算がとても楽になっ
て、家計簿を続けられますよー！

貯金上手な人を
真似する

まずは貯金上手な人の
真似から始めてみましょう。
慣れてきたら
自分がやりやすいようにやり方を
変えていくのが良いですね！

貯金額は"見える化"する

貯金がいくら貯まったかわかる
方が、貯金のモチベーション
が上がるはずです。
貯金記録表をつけてみましょ
う！

貯金の
モチベーションを
上げる工夫は
大事だよ！

生活費（自由費）の残金を10日ごとや半月ごとに確認する

「初めの方で使いすぎたかな?」「結構余裕があるかな?」と確認することで、
次の給料日までやりくりするためのお金の調整ができます。

自分に合った手作り家計簿を

自分に合う家計簿を使うことで貯金ができるようになります!
私が考えた家計簿（P.124）は誰が使っても使いやすいように考えたつもりです。
ぜひ活用してみてください。

身近なやりくり上手さん

私のまわりにはやりくり上手な人がたくさんいます!
自分にとって大切なことにお金を使いながら、
上手に工夫している人たちをご紹介します。

妹

ジャニーズが大好きで、
推し活にお金をかけがちな妹ですが、
好きなものにお金をかけているからなのか、
すごく幸せそうに見えます。
好きなものにはとことんお金をかけて
満足感を得ながら、普段は自炊をしつつ、
しっかりやりくりする生活が
とても素敵だなと思います!

彼氏

私が貯金を頑張ろうと思ったきっかけの人です。
長い間先取り貯金をしていて、
貯金専用口座も持っています。
今は新しい車を買うために貯金を頑張り中!
貯金を頑張るための
明確な目標があるのも
大切なことですね。

彼氏の家族

メリハリをつけた節約がとてもお上手です。
こまめにガスのスイッチを切ったり、
節水シャワーを使ったり。
普段はしっかり節約されているのですが、
私が遊びに行ったときはおいしいごはんを
ごちそうしてくれます。
「なんて素敵なお金の使い方なんだ!」
と思います。

職場の先輩

私がふるさと納税を始めるきっかけになった
先輩です。
先輩がふるさと納税を始めるというときに
私も便乗して始めました。
お金を使う優先順位がしっかりされていて、
自分の趣味にしっかりお金をかけながら
楽しく生活されているのが伝わってきます!
しっかりと節約されながら、
バラエティに富んだ食事を作られています。

上司

7年で住宅ローンを完済したすごい方!!
住宅ローンって何十年もかけて完済するものだと
思っていたので、すごく驚きました。
「一馬力よりも二馬力」と、夫婦共働きで頑張ってきたこと、
片方のお給料だけで生活してきたことが大きいみたいです。
これだけ聞くととても節制されているように感じるのですが、
「欲しい物は買う!」
「高い物・欲しい物を買うことで日々のモチベーションが上がる」
「贅沢したっていいじゃん!」というモットーも。
お金を使うところ・使わないところのメリハリをつけるのが
本当に上手な方だなと思います。
奥さんがしっかりお財布のひもを締めて
調整されていることも大きいみたいです。

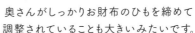

つかう

毎日の幸せも貯金も
どっちも大切

お金を「ためる」ことも「つかう」ことも、
どちらも諦めたくない。
ちょっと欲張りだけど1度きりの人生。
楽しくお金を使いましょう！

生活費と固定費

一人暮らしだったときの
生活費と固定費の内訳をご紹介します。

固定費

家賃 ▶ **36,000**円　社宅なので
安く済んでいます。

光熱費 水道
約 **3,700**円

電気
約 **4,900**円　光熱費では
目立った節約はしていません。
オール電化で、
冬だけ灯油代がかかります。

灯油
約 **3,000**円

通信 ▶ 約 **7,500**円　携帯代のみです。

保険 ▶ **3,600**円

10年更新、最低限のプランのみで医療保険に入っています。
車の保険はボーナスで一括払いしているので、
この固定費には含まれていません。

- -

合計　約 **58,700**円

食材 ▶ 約 **8,800円**
仕事の日の昼食は給食が出るのと、
自炊を頑張っているので、安めになっています。

外食 ▶ 約 **5,600円** ディナーよりランチ派！

日用品 ▶ 約 **2,600円** シャンプーや洗剤など。

ガソリン ▶ 約 **3,700円** 職場までは
車で通勤しています。

交通 ▶ 約 **2,000円** 公共交通機関を
利用したときにかかるお金。
月によってまちまちです。

服・美容 ▶ 約 **3,000円** お金をかけたいと思いつつ、
優先度は低めです。

娯楽 ▶ 約 **3,100円** マンガやカラオケ、
映画に使っています。

プレゼント ▶ 約 **6,200円** 惜しみなく使っています。

医療 約 **700円** 歯医者や検診の費用くらい
です。健康体です！

その他 約 **900円** 車のタイヤ交換など、分類が
難しいものは「その他」として
まとめています。

生活費

合計 約 **36,600円**

予定を把握してから
スーパーに行く

食材を余分に買わないように、食事が不要になるような飲み会や食事会の予定がないかを前もって確認します。

チラシを見てから
買い物へ

お買い得商品を確認したり、タイムセールがある場合は時間を確認したりします。

おなかがすいている
ときに行かない

おなかがすいているときは本当に危険です！食べ物をいっぱい買ってしまいます。

スーパーごとの
特売日を把握する

スーパーによって安売りをする曜日や日にちが違ったりしますよね。それぞれのスーパーの特売日に合わせて買い物に行っています。

私の
やりくり方法

無理のない
自炊で
やりくり！

当たり前のようで、
なかなかできない毎日のやりくり。
ちょっとの工夫と心がけで、
貯まる体質は作れます！

食材費
FOODS

心の中でざっくり
合計金額を計算する

かごに食材を入れながら、頭の中で合計金額を計算しています。このおかげで「知らないうちに買い過ぎた！」ということがほとんどなくなりました。

色味を考えながら
買う

材料の彩りを考えながら購入することで、料理の彩りが悪くて食材を買い足すことがないようにしています。
また、買い物の頻度が増えるといらないものまで買ってしまいがちです。

食材ごとの
値段の基準を
決めておく

肉、刺身は100ｇ当たり100円以下のものを、卵は100円以下、などなど。
食材を買う基準を作っておくことで悩むことなく食材を選べます。

安いからって
買い過ぎない

これはやってしまいがちですよね。気持ちはとってもわかります！
特に、賞味期限が近いものは買い過ぎないように注意しましょう。

お菓子などの
嗜好品は
最後に選ぶ

買い物かごを見たり、ざっくりと計算した合計金額を考えたりしながら、今日はお菓子を買うかどうか考えます。食べたいときは無理せず買います。

食材が傷む前に
冷凍する

特に野菜や肉・魚は冷凍できるものが多いので、冷凍庫をうまく活用しましょう。

ストックは
最低限にする

思っていたよりも消費できなかったり、他の商品が欲しくなったりすることも。その時々で好きなものを選ぶ方が私には合っていました。

ポイントにつられて
無駄遣いしない

「〇％ポイント還元！」などはよくありますよね。本当に欲しい物を買うときはとてもありがたいですが、ポイント目当てで不要な物を買わないように気をつけています。

プライベートブランド
商品を活用する

こだわりがない物はプライベートブランド商品を選びます。

日用品費

DAILY
MISCELLANEOUS

外食は夜より昼に！

昼はランチタイムメニューなどがあって安く済みます。夜に外食することももちろんありますが、昼に外食することの方が多いです。

クーポンを使う

好きなお店のアプリはダウンロードして、クーポンを利用します。10％オフとかドリンクバー無料とか、ちょっとしたことですが嬉しいですよね。

外食費

DINING

好きなことには
お金をかける

好きなことにはお金をかけましょう！
全部を我慢する節約は楽しくないですか
らね。

娯楽費
ENTERTAINMENT

メリハリをつける

節約は他のところで頑張って、好きなこと
にはお金をかける方が節約を頑張れると
思います！！

中古を選ぶという
選択肢も

こだわりがない物なら、中古を購入する
という選択肢もあります。中古を買って浮
いたお金を他で有意義に使いましょう。

セールやバーゲンに
注意する

安売りされている商品が魅力的に見えて、
つい買ってしまったなんてこともあります。
「今しか安くない！ 買えない！」という気に
させるセールやバーゲンにはご注意を。

本当に欲しい物、
必要な物なのか
考えてみる

「買ったけど結局全然使わなかった…」
なんてこともありますよね。
特に衝動買いをしたときは買って後悔す
ることが多いので、買う前にしっかり考え
るようにしましょう。

「ふるさと納税」

始めたきっかけ

職場の先輩がふるさと納税を始めるという話を聞き、私も興味があったので同じタイミングで始めました。

どうやってやり方を学んだの？

ふるさと納税を実際にやったことがある人に教えてもらい、それでもわからないところはネットで調べました。

私が挑戦したものとしていないもの

まわりの人たちは始めてる？ やってて当たり前？
気になるものの、なんだか難しそうな
２つのことを取り上げます。

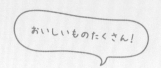
おいしいものたくさん！

どんな返礼品を選んでるの？

今までに選んだのは、豚肉、ソーセージ、みかん、フィッシュアーモンドなどです。
どれもすごく良かったですよ。

手続き、難しくない？

個人的にはネットショッピングをする感覚と一緒です。応援したい市町村・欲し
い返礼品を探してポチッとするだけです！ 申請の手続きは、ワンストップ特例制
度を利用するととても簡単です。

「投資」

私はしていません。

やっていない理由は簡単、「わからないから」です…！

貯金に関する本を書きながらこんなことを言うのはなんですが、

元々は貯金ができなかった人間なので、

私にはハードルが高すぎます。

貯金ができるようになったことですら

私にとってはすごいことなのに、

投資もだなんて、今はまだ無理です…。

何もわからず投資を始めて失敗するよりも、

まずは貯金を頑張って、

余裕ができてから投資の勉強をする方が良いのかなって思います。

もちろん挑戦できる方、余裕のある方はした方が良いと思います。

それぞれ今の自分にできることをやりましょう！

物を買うときの
ルール

お給料が多くなくても、
少しのルールがあれば楽しく生活できます。
キーワードは"本当の自分の気持ちに向き合うこと"。

妥協して買っても満足できない

以前は、安い物やお買い得な物は"いい物""買った方がいい物"と思っていました。特に値下げされている物は、「安いから買ってもいいよね!」「買わないと損する?」という考えをいつも持っていましたし、そうやって洋服や靴、バッグなどがどんどん増えていきました。でも、どんなに買っても満足できませんでした。当時の私は、自分がどうして満足できないのか考えることも気がつくこともなく、満足しないからまたお得な新しい物を購入。この繰り返しです。安い物・値下げされている物がダメというわけではありません。"妥協"して買うのがダメなんです! 本当に欲しい物が値下げされているならラッキーですし、買うべきだと思います。でも「まぁ、安いから買うか」は、そのお店の中で妥協して買っても良いレベルの物。本当に欲しい物かといわれたら、そうじゃないことがほとんどなんですよね。そういう物って自分の中でお気に入りになりづらいですし、大事に使えないことが多いです。今では本当に欲しい物を買うことの大切さや楽しさに気づいて、しっかり考えてから購入するようになりました。そんな私が、買い物をするときに頭の中に入れているマイルールをご紹介します。

コスパを重視する

値段と性能を考えて購入します。安くてもすぐ壊れたり使えなくなってしまったりしたら、もったいないですもんね!

気に入った物を選ぶ

値段に関係なく、気に入った物を選ぶようにしています。お気に入りの物ほど大切に長く使えます。

自分に似合う物を選ぶ

洋服・靴・バッグ・アクセサリー…。悲しいことに、欲しい物と似合う物は違うらしいです。骨格診断やパーソナルカラー診断で、自分に合う物を知っておくのも良いかもしれません。

他の物を我慢してまで欲しい物なのか考える

大金持ちなら欲しい物をたくさん買えばいいですが、限られたお金の中で楽しく生活するなら多少は我慢しないといけません。他の物を我慢してまで欲しい物は、本当に欲しい物なので買いましょう。それに、本当に欲しい物を買うための我慢ならそんなに辛くないはずです!

買うことで自分は幸せになるのか考える

これもすごく大事なルールだと思います。買った後を想像してみてください。自分は幸せそうですか?買った物を楽しく使っているイメージはつきますか? 幸せそうだったら買っちゃいましょう。
ただし、「全然使わずに終わっちゃうかも」って感じるなら思いとどまって!

クレジットカードとの付き合い方

私はクレジットカードをあまり使いません。

"使わない"というより、うまく使いこなせないんです。

クレジットカードは使いこなせる方にとっては

便利で素晴らしい物ですが、

私みたいに貯金が"苦手だった""得意じゃない"という方には

少し注意してほしい物でもあります。

クレジットカードの
いいところ

ポイントがつく

カードを使えば使うほど
ポイントが貯まるのは
魅力的ですよね。
「カード払いで〇パーセント還元！」
というのもよく聞きます。

上手に使えば
お得がいっぱい！

ネットショッピング
利用時の手数料が
かからない

これはすごくうれしいです。
数百円ですが節約になります。

クレジットカードの

注意しなければ
いけないところ

注意して使わないと
大変なことに…

お金を使っている感覚がない

これがとっても困ることであり、重大なことなんです…。
カード1枚でいろんな物を簡単に購入できるので、
お金を使っている感覚がわかないんです。
クレジットカードが魔法のカードみたいに思えてしまって、
危ないんですよね。
知らないうちに使いすぎてしまう恐れがあります…！

そんなクレジットカード、私流の使い方としては、

・公共料金の引き落とし

・ネットショッピング

で使っています。公共料金は毎月絶対に支払うお金なので、クレジットカード払

いにしてポイントをもらっています。ネットショッピングは手数料がもったいないの

で、クレジットカード払いにしています。

生活費からお金を使ったと考える

クレジットカードで支払いをしたら、生活費からその分の金額をよけて、
クレジットカードの引き落とし口座に入金。

クレジットカードは1枚だけ

カードは1枚だけにしましょう！
いろんなカードを使ってしまうと、利用金額を把握しづらくなります。
私は楽天カードを1枚だけ持っています。

支払額をしっかり
用意しよう！

物欲はないのですか？

とってもありまーす！

その割にはあまりお金を使って
いないような気がするけど…？

本当に欲しい物しか買わない癖がついて、
衝動買いをしなくなったからです！

買うことを
我慢していませんか？

全く我慢していないかといったらそうではない
ですが、限られたお金の中で本当に欲しい物
を選ぶことの楽しさや、購入したときの嬉しさ
を知ってしまったので、そのために何かを我慢
することは全然辛くないし、我慢しているとは
思わないです！

インスタをやっていると、
フォロワーの方たちから
質問をいただくこともあり
ます。

私がお金を使うもの

自分や大切な人が幸せになるような
お金の使い方をしてみましょう！

とっても有意義でハッピーに暮らせます！

好きなことに
お金を使いましょう！

"好きなこと"にお金を使うのが大事な
んです！自分の幸福度を上げましょう。

たまには自分を
甘やかしましょう！

「また明日から頑張ろう」って気持ち
をチャージするのも大事です。

そんな私がお金をかけるもの

プレゼント

彼氏、家族、友人へのプレゼントにはお金をかけます！「喜んでくれるかな？」って考えながらプレゼントを選ぶ時間が大好きです。自分も幸せな気持ちになるので、お金をかけるべきところかなって思います。

食器

食器が大好きなので、ついついお金をかけてしまいます。素敵な食器のおかげで楽しく料理ができるし、料理が素敵に見えるので、買っても後悔はしません。逆に、「もっとお金をかけたいな」って思っています。

外食

友達や家族との外食にはお金をかけがちです！せっかくならおいしい物を食べて、幸せな時間を過ごしたいですもんね。毎回お金をかけるのは厳しいので、メリハリをつけながらお金をかけています◎

好きなお菓子

梅のお菓子が大好きなんです。期間限定商品にも弱いです…。皆さんもそうじゃないですか…？

コンサート

ハロプロとジャニーズが好きです。年に数回のコンサートですが、コンサートを楽しみに毎日を頑張れるから、コンサート代なんて安いもんですよ！ちなみに他県に遠征はしません。ツアーの1公演に全力をかけるタイプのオタクです（笑）。

帰省代

バスやJR、ガソリンなどの帰省にかかるお金は思いきり使います。実家が大好きで、毎月帰ったりすることもあります！交通費が結構かかりますが気にしません。

旅行

年に数回、彼氏や友達、家族と旅行に行っています。旅行ではホテル代と食事代にお金をかけます！何泊かする場合は、宿泊料金がお高めの宿と安い宿を組み合わせて、メリハリをつけて楽しむようにしています。食事は、この時ばかりは本能のままに好きなものを食べます！毎日頑張っている自分へのご褒美…たまにはいいですよね。

大調査！
みんなが
お金を使うもの

フォロワーのみなさんに
"私がお金をかけるもの" について
アンケートを取ってみました。
大切にしていることは人それぞれで、
おもしろい！

私もお金をかけたい
と思っているものの
ひとつです！

服・宝飾品

服・下着

鞄・靴

財布

アクセサリー・腕時計

冬のコートにお金をかける
という方が多い！
わかる気がする…

コート

スキンケア

脱毛

コスメ

美容院代・ヘアケア

ネイル・マツエク

歯の矯正

サプリ

美容

生活

毎日使うものが
素敵だと快適に
過ごせそう…！

毎日使うもの

長く使えるもの

韓国雑貨

キッチン用品

光熱費

便利グッズ

寝具

インテリア

家具・家電

柔軟剤

わかる…私もお金を
かけがちです！

お出かけ

旅行では思う存分
お金を使います！

旅行

ディズニー

カフェ巡り

お土産

キャンプ・ダイビング

娯楽

推しは
推せるときに
推す！

友達と遊ぶお金

サブスク

推し

ネットフリックス

ライブ・フェス

デート代

ゲーム

音楽

人付き合い

文房具

舞台

本・雑誌

友達・恋人へのプレゼント

家族へのプレゼント

プレゼントにお金を
かけるって素敵！！

交際

その他

食事って
大事ですよね…！

ジム

ペット

食べ物

毎日の食事

子どもの服・おもちゃ

帰り道の買い食い

外食

投資

勉強

オーガニックの食材

お酒

奨学金の返済

こだわりの調味料

スイーツ

コンビニ新作アイス

記念日の食事・ご褒美ごはん

おしゃんなアクセサリー

アクセサリーって1つひとつはそこまで高くない物が多い
から、ついつい集めちゃいます！

¥800（税込）／ cross ring gold ／@ handmademiri08
¥1,800（税込）／くねくねフラワーとちょこっと天然石／@ handmademiri08
¥1,700（税込）／大ぶりフラワーと不規則ベージュシェル／@ handmademiri08
¥1,350（税込）／くるくるゴールド×パール／@ kaoriiiii308

レディーになれる時計

彼氏がプレゼントしてくれた大人っぽい
時計と、ノーブランドだけどシンプルで
かわいい時計です。

¥37,400（税込）／ KL0-910-51 ／ wicca
¥2,000くらい／不明／不明

私のお気に入り

ほとんどプチプラですが、
台所まわりやファッション小物など、
好きな物に囲まれた暮らしって幸せ。
お気に入りに値段は関係ありません。

木製食器

全部プチプラなんですが、とっても
かわいくないですか？ 木のお皿っ
て温かい感じがして好きです。

¥330（税込）／ウッドサラダボウル角L、アカシア楕
円トレー M ／ナチュラルキッチン
¥610（税込）／木製プレート（M）／ニトリ
¥101（税込）／木製スプーン2本組／ニトリ
¥110（税込）／雑炊スプーン／ダイソー

ホットプレート

カラーバリエーションがたくさん
あって悩みましたが、料理の色が
一番映えそうなホワイトを選択。

¥13,000くらい／コンパクトホットプレート
ホワイト／ BURUNO

ライスジャー

お米5kgがぴったり入るサイ
ズ。ふたの持ち手がピーナッ
ツの形でかわいすぎる…！

¥1,314（税込）／ガラスジャー（7.0L）／
ニトリ

手作りの食器

世界に1つしかない、おばあちゃんの手作り。
ずっと大切に使いたい"お気に入り"です。

保存容器

耐熱で使い勝手がいいのもポイント！
ネットでいろんなサイズが揃っている
セットを選びました。

¥2,981（税込）／耐熱ガラス製保存容器／
iwaki

お金が貯まる
お財布の秘密

貯金生活にピッタリなお財布はこれ！
心強い相棒選びのポイントを
ご紹介します。

コンパクトなサイズ

以前は長財布を使っていたのですが、今はコンパクトな2つ折り財布を使っています。最初は使いづらいかなと思っていたのですが、問題ありませんでした。コンパクトだからこそ、お金もカードも入れすぎずに済んで使いすぎ防止に繋がっています！

お札ポケットは2つ

お札ポケットが2つに分かれていることで、お財布の中で「自由に使っていいお金」と「使う予定があるお金」の2つに分けられます。「無意識にお金をたくさん使いすぎてしまって、必要だったお金が足りない！」なんてことがなくなります。

> お財布にお金を
> 入れすぎない
> ようにしましょう！

> レシートが
> 溜まりすぎない
> ようにしましょう！

> お財布を
> 大事に使いましょう！
> 金運アップ
> しちゃうかも!?

カードポケットは少なめが◎

カードポケットがたくさんあると、ポイントカードやクレジットカードなどをたくさん入れてしまいがちですよね（経験談）。必要最低限しか入らないサイズにすると、ポイント目当てで買い物をして結局は浪費につながる…なんてことを防げる気がします。

見た目も大事

見た目がかわいいお財布だと気分が上がりますよね!!「このお財布となら貯金を頑張れる…！」とモチベーションが上がるようなお財布を使うのも大事です。

貯金

これはお金がかからないどころか
逆に増えます。
なんてすばらしい趣味
なんでしょう!!

SNS投稿

趣味・貯金の記録として
Instagram をやっています。
それがこうして形になるなんて
感激です…。

お金をかけなくったって、
楽しいことは見つかるはず!
私がやっている楽しい趣味を
ご紹介します。

お金がかからない 楽しい

テレビドラマ鑑賞

毎週録画して見ている
ドラマもあります。
「続きが気になる〜!」って
来週が楽しみになりますよね。

ひとりカラオケ

料金が安い昼に
一人で行くことが多いです。
一人で3時間くらい
歌っちゃいます。

音楽鑑賞

好きなアイドルの音楽を
よく聞いています!

YouTube鑑賞

好きなYouTuberさんの
動画を見ています。
無料で好きな動画を見られるって
すごいですよね!

散歩

もちろんお金がかかりません!
(散歩のついでに
寄り道をしなければ…笑)

漫画を読む

気に入った漫画を
ひたすら何回も読むタイプです。
ブームに乗って、
『鬼滅の刃』にハマりました…。

図書館の本を読む

定期的に本を借りに行っています。
レシピ本とか節約の本を
よく借りています。

おうち筋トレ

健康にもいいし最高！
ジムに行かなくても運動は出来る!!
（ジムに行くのが
めんどくさいんです笑）

趣味

温泉めぐり

気が向いたときに
近場の温泉へ。
彼氏が温泉好きなので、
その影響で私も
好きになりました。

料理

料理を作ることは好きです。
作ったことがない料理に
挑戦するときは、
すごくわくわくします。

ネットサーフィン

見るだけ！
「欲しいかも！今度買おうかな!?」
と思った物でも
結局は買わないことが
ほとんどです（笑）。

お菓子作り

お菓子を作る頻度は
低いですが、
急に作りたくなります。
カリッカリのクッキーが好きです。

大調査！
みんなの
お金がかからない
楽しい趣味

フォロワーのみなさんにも、
「お金がかからないのに楽しい！」
そんな素敵な趣味を聞いてみました。
興味津々です！！

> 初期投資に
> お金はかかるけど、
> 長く楽しめるという
> 声が多かったです！

料理・創作料理	ゲーム
作り置き	アニメ・ドラマを見る
お菓子・パン作り	サブスク
ぬか床作り	ラジオを聞く
家庭菜園	ネットサーフィン
おうちカフェ	ウインドウショッピング
勉強（資格・お金）	ドライブ
お金を数える	ジョギング・ランニング
家計管理	サイクリング
やりくりアカウント巡り	（愛犬と）散歩
読書・図書館に行く	運動・筋トレ
インスタ・YouTube	ヨガ

> 私は
> 梅干し作りを
> 趣味に
> してみたい…（笑）

> アマゾンプライムや
> ネットフリックスを
> 上手に利用されて
> いる方が多い！

> 運動にもなるし
> 幸せな時間…

なわとび

私も家族や
友達に手紙を
書きたい！

ダンス

スキー

手紙やイラストをかく

絵しりとり

写経

アルバム作り

ナンプレ・パズル

占い

掃除・断捨離

メルカリ

「The
丁寧な暮らし！」
って感じですね！

押し花

ハンドメイド

編み物・刺繍

歌う

楽器（ピアノやギターなど）

音楽鑑賞

観葉植物のお世話

アロマキャンドル

セルフネイル

お風呂・銭湯

ピクニック

滝巡り

神社巡り

やってみたい！

グーグルマップで世界旅行

釣り・山登り

お昼寝

家でゴロゴロ

妄想

瞑想

お金が
かからないし、
楽しいし、
コスパ最高！

友達としゃべる

人間観察

子どもやペットと遊ぶ

物件を見る

将来の家の間取りを考える

サークル

バイト

お金がかからない
どころか貯まる！

献血

料理について

私は管理栄養士ですが、
料理が特に上手というわけではありません。
「節約しながらおいしい料理を作りたい!!」
そんな欲丸出しの私（お恥ずかしい…）が、
料理を作るときに意識していることをご紹介します。

　料理を作るときに意識していることは、"料理の組み合わせ""見た目""家にある食材""まわりの人が喜ぶこと"の4つです。

　1つ目の"料理の組み合わせ"については、味や調理方法の組み合わせができる限りかぶらないようにしています。主菜はしっかりめ、副菜はさっぱりした味付けにすることで、バランスの良い食事になりますよね。また、調理方法がかぶらないようにすることで、いろんな食感を楽しむことができたり、ガスコンロが足りなくて調理に時間がかかってしまったり…ということが減ると思います。

　2つ目の"見た目"は大事ですよね。料理の彩り・食器選び・盛り付け方、少しこだわるだけで素敵な食事になること間違いなしです。

　3つ目の"家にある食材"については、節約につながる大事なポイントです！足りない食材だけを買いに行ったつもりが、余分な物まで買ってしまった経験はありませんか？ また、お目当ての食材が思っていたより高かったというのもよくあること。料理に正解はないので、足りない食材は代わりに違う物を使ってみたり、家にある食材でやりくりしたりする方が節約につながりますし、料理のスキルが上がる気がします…！

　4つ目の"まわりの人が喜ぶこと"は、せっかく作るなら喜んでほしいですよね！ついついその人が好きな食材を使ったり、好きな料理を作ったりしちゃいます（笑）。彼氏や家族だけじゃなくて、自分自身を喜ばせるために料理を作るのももちろん素敵です！

すこし目先を変えた
メニュー、そばいなり

彼氏受けダントツ
No.1! チキン南蛮

天ぷらは少しの油で
揚げ焼きに

簡単メニューでも彩りを意識した
ハヤシライス

見た目が華やかな手乗せ寿司

居酒屋風に料理を
盛り付け

手作りピザと
チキンで
パーティー!

手抜きしたいときは
安売りの刺身で漬け丼に

見た目にもこだわる
ちぎりパン

たまには手の込んだ
朝ごはんセットを

フレンチトーストも
おしゃれに

野菜たっぷりの
豆乳豚汁

しゃぶしゃぶのたれ

私のおばあちゃん直伝の
しゃぶしゃぶのたれは、
アレンジの利く万能レシピ!
ぜひ作ってみてください。

材料

5〜6人分
（約600ml分のたれができます）

白ごま（すりごま）…大さじ3
味噌…50ｇ
上白糖…50ｇ
生姜（チューブ）…大さじ1
にんにく（チューブ）…大さじ1
濃い口醤油…200cc
穀物酢…100cc
みりん（風調味料）…100cc
出し汁…100cc
ごま油…大さじ2

作り方

上から順番に混ぜるだけです。

Point!

✔ 楽をするためにすりごまを使用していますが、
  自分でごまをすった方が香りが出ておいしくなります。

✔ だまにならないように、醤油は少しずつ加えましょう。

✔ みりんは"みりん風調味料"でも"本みりん"でも大丈夫です。
  本みりんを使う場合はレンジでアルコールを飛ばしてから使うと、アルコールの
  においが和らぎます。

✔ お好みで一味唐辛子を足すのもおすすめです。
  食べている途中で味変するのも楽しい!

マヨネーズと1:1で混ぜれば、
ドレッシングになります。

✔ にんにく醤油（生のにんにくを醤油でつけたもの）があれば、さらに良し。
  ちょっと足すだけで味に深みが出ます。

しゃぶダレチキン

材料 1人分

鶏もも肉…1枚
しゃぶしゃぶのたれ…100ccくらい
サラダ油…大さじ1
好きな野菜…好きなだけ

作り方

※下準備
・鶏もも肉を麺棒などで叩いて平たくする（火の通りが良くなり、柔らかくなる）。
・フォークで全体に穴を開ける。
・ジップロックやポリ袋に鶏もも肉としゃぶしゃぶのたれを入れ、もみ込んで30分以上置く。

①フライパンにサラダ油を熱し、下準備した鶏もも肉の皮目を下にして入れ、中〜強火でふたをせずに
　焼き目が付くまで焼く。
②焼き目が付いたらひっくり返して、肉を漬け込んだしゃぶしゃぶのたれを加え、ふたをして火が通るま
　で中火で煮る。
③ふたを外して強火にして、少したれを煮詰める。
④見た目に照りが出てきたら火を止める。
⑤器に盛り、好きな野菜を添えれば完成。

余った卵白は中華スープなどに
入れるとおいしく食べられます！

しゃぶダレビビンバ丼

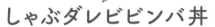

材料 1人分

ごはん…200g	A	しゃぶしゃぶのたれ
豚ひき肉…80g		…大さじ2
もやし…1/2袋		甜麺醤…大さじ1/2
にんじん…小1/2本	B	鶏ガラスープの素
ほうれん草…1束		…小さじ1
キムチ…20g		レモン汁…小さじ1
卵黄…1個分		穀物酢…小さじ1
ごま油…大さじ1		塩コショウ…少々
白ごま…適量		

作り方

①Aの調味料を混ぜて用意しておく。
②もやし・にんじん・ほうれん草をそれぞれゆで、Bの調味料（ほうれん草には濃い口醤油小さじ1も）
　で和えてナムルを作る。
③フライパンにごま油を熱し、豚ひき肉を炒める。火が通ったらAを加える。
④器にごはんを盛り、②・③・キムチ・卵黄・白ごまを盛り付けて完成。

貯金体質になるための14日間チャレンジ

目安は2週間！
1日1つ、楽しみながら少しずつ、
貯金ができる体質を
一緒に作っていきましょう。

2
家計管理グッズを
揃える

まずは
仕組みづくりから！

1
収入・固定費・特別費を
把握して、
貯金額・自由費を
決める

8
節約本を読んで
モチベUP

9
ふるさと納税の
サイトをチェック

11
まわりの
節約上手さんから
話を聞く

10
おうちごはんdayを
作る

必要なお金を
まとめて下ろして
仕分ける

3

4

貯金口座を作って
先取り貯金をする

自由費で
やりくりを始めよう！

5

コンビニに
寄らない

7

貯金できたら
したいことを
妄想する

いらないものを
リサイクルショップへ
持っていく

6

13

お財布を
整理する

家計簿をつけて、
いくら貯金できたか
計算する

12

14

NMDを作る

これできっと
あなたも貯金体質!!

家計簿を続けられるか不安に思っている方へ

「面倒くさがり屋だし、ずぼらだし、三日坊主だし。それに毎日忙しくて…」「こんな私でも家計簿を続けられるの?」
続けられます!
面倒くさがり屋さんが続けられる家計簿を作りました!
P.124をご覧の上、ダウンロードしてご利用ください。

"かんたん"家計簿つくりました

シンプルなデザイン

必要最低限の項目だけ残した、
とてもシンプルなデザインになっています。

出費の記録が不要

家計簿をつけるときに一番面倒なのは、出費の記録。
思い切って出費の記入欄をなくしました。

記入するのは給料日前日と給料日の2日間だけ

たったの2日間しか記入しなくて大丈夫なので、楽ちんです!

家計簿は毎日つけない

毎日つけるなんて面倒くさくて無理なので、
家計簿はたまにしかつけません(笑)。

家計簿はきれいに書かなくて大丈夫

自分さえわかれば大丈夫なので、
雑に書いたって問題ないです◎

"かんたん" 家計簿誕生の裏話

　以前、妹と弟から「家計簿はつけたくない」と言われたことがありました。姉としては家計簿をつけながら貯金を頑張ってほしいと思っていたので、「どうして家計簿をつけたくないの?」と話を聞いてみると、「お金は貯めたいけど、毎日忙しくて家計簿をつける余裕がないし、面倒くさくて多分続かないから」という答えが返ってきました。家計簿を"つけたくない"というよりも"つけられない"という方が合っているかもしれませんね。

　「じゃあ忙しくても続けられる、とっても簡単な家計簿を作ろうじゃないの!」そんな気持ちで試行錯誤しながら作り上げた、姉の愛情たっぷりの家計簿がこれです。「家計簿をつけたくない」と言っていた妹も弟も、「この家計簿ならつけられる!」と喜んでくれました。家計簿を続けられるか不安に思う方は、ぜひこの"かんたん"家計簿から始めてみてください!

この家計簿で本当にお金は貯まるの?

　出費の記入欄がないから心配になりますよね(笑)。でも大丈夫です!家計簿上部の計算式に収入や固定費を当てはめて計算して、その通りにお金を仕分けしてやりくりをすれば、出費を記録しなくてもちゃんと貯まりますよ!

　結局は手元に残ったお金がすべてです。不思議なのですが、1か月に使っていい金額(自由費)がわかっていることで、無意識にその金額内でやりくりできるようになるのです。

　何にお金をかけたかは、実はそこまで気にする必要はないのかもしれません。私は出費も記録していますが、比較的時間に余裕があるのと、家計簿をつけるのが好きだからです。心配しないで、ぜひ始めてみてください!

ルール通りじゃなくても大丈夫

ゆるーくで大丈夫!

ルール通りにやろうと思ったら、窮屈で面倒くさくなることも…。臨機応変に家計管理をしよう!

ゆめみる

今のこと、
これからのこと

貯金が増えることで将来を夢見ることができたり、
将来を夢見ることで貯金が増えたり。
貯金するためのキーワードは、「ゆめみる」だったりして…

貯金をしていて良かったこと

「貯金をしていて良かった〜」
と思うことって
みなさんもありますよね？
私が思う、貯金をしていて
良かったことをご紹介します！

余裕ができたこと

まとまった貯金があることで、「急にお金が必要になっても大丈夫」という余裕ができました。貯金が苦手だった頃よりも、毎月の貯金額が増えたことで自由に使えるお金は少なくなっているはずなのに、辛いと思ったことはないし、以前よりも心に余裕が持てています。

未来を想像できるようになったこと

先取り貯金を始めたことによって、毎月一定の金額以上が貯まるようになりました。「数年後にはこのくらいお金が貯まる」という予測がつくようになって、「家を建てるなら頭金をこのくらい用意できそう」とか「結婚資金はこのくらい用意できそう」とか、より具体的に想像できるようになりました。想像というか妄想というか…素敵な未来を妄想しています（笑）。

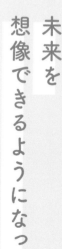

お金を貯めるのが好きになったこと

貯金という趣味がひとつ増えました！貯金を頑張るにあたって、貯金好きになれたことは本当に良かったと思っています。好きなことは続けられるっていいますよね。家計管理を見直して貯金が好きになってからは、さらに貯金のペースが上がりました。家計管理を頑張りながら、いかにお金を貯めるか。毎日楽しくゲームをしている感覚に近いので、お金を貯めることが全然苦に感じなくて、むしろとっても楽しいです。

お金を楽しく使えるようになったこと

お金を貯めることだけじゃなくて、お金を使うことも好きになりました。以前は安売りの物ばかり選んで、我慢しながら購入していたので、お金を使うということが楽しくありませんでした。ですが、今は本当に欲しい物だけを購入するようになったおかげで、欲しかった物を買えること、お金を使うことがとても楽しくなりました。お金を使うことが楽しくなったからこそ、もっと貯金を頑張って欲しい物を買おうと、貯金のモチベーションも上がります！

他にも…

贅沢なごはんを食べられたとき、
車が故障して買い替えることになったとき、
急に友達から旅行に誘われたときに、
貯金していて良かったなって思いました。
「備えあれば憂いなし」です！

大調査！
みんなが
貯金をしていて
良かったこと

「貯金していて良かった…！」という実感が、
続けることにつながります。
フォロワーのみなさんはどんなときに
そう思うのか、アンケートを取ってみました！

心に余裕が持てた

断トツで多い
回答でした！

お金のことで悩まなくなった

漠然とした不安が少なくなる

自己肯定感が上がる

自分に自信を持てる

貯金ができるようになった
今の自分が好き！

達成感を味わえる

職を失ったときに助けられた

転職の後押しになった

優越感に浸れる

税金の支払いに困らなくなった

急な出費（修理や入院など）
に困らない

収入が減っても生活水準を
落とさなくて済む

欲しい物を欲しいときに買える

旅行に行ける　　旅行先のホテルを豪華にできた

留学できた　　　マイホームを購入できた

お金があることで
素敵な将来に近づく
感じがしますよね！

できることの選択肢が増える

ローンを組まずに欲しい物を買える

突然のライブ・グッズの
発売に対応できる

ご褒美を奮発できる

すごくわかるーーー！

プレゼントに出し惜しみなく
お金を使える

結婚について話すことが増えた　　　　心の中でマウントをとれる

豪華な結婚式にできた

新婚旅行にお金をかけられた

これはすごく
うれしいです
（体験談）

彼氏に褒めてもらえた

通帳を眺めてにやにやできる　　　　お金持ちの気分を味わえる

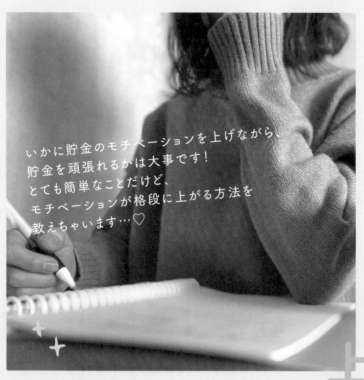

いかに貯金のモチベーションを上げながら、
貯金を頑張れるかは大事です！
とても簡単なことだけど、
モチベーションが格段に上がる方法を
教えちゃいます…♡

貯金のモチベーションを上げる方法！

貯金記録表をつける

貯金がいくら貯まったのか、わかりやすくするために記録表（P.124）をつけています。貯金を"見える化"することによって、貯金が増えたことを実感できています。「今月も頑張ったな〜」「貯金増えたな〜」って嬉しくなりますよ！また、わざと時間をかけて手書きで記入することによって、貯金が増えていることをより実感できる気がします。

通帳を眺める

にやにやしながら通帳を眺めています（笑）。貯金記録表と同様に、コツコツ頑張って貯めてきた貯金額を見る・把握することで、「また貯金頑張ろう！」ってモチベーションが上がります。

現金管理にする

わざと現金でお金の管理をしています。手元にお札や小銭がたくさんあると嬉しい気持ちになりませんか？「今月はこんなに貯金できたんだ！」「こんなに生活費を余らせることができたんだ！」って、目に見えて自分の頑張りを実感することができます。「なかなか貯金のモチベーションが上がらなくて…」と悩んでいる方にはぜひ一度試してみてほしい方法です！

未来を想像する

「毎月〇万円貯めたら、数年後には…うふふ」みたいな（笑）。想像（妄想）はタダです！想像のおかげでさらに貯金を頑張れたり、貯金のモチベーションが上がったりするなら、やった方が良いですよね。「1か月後に洋服を買える…」「3か月後にデパコスを買える…」と具体的に想像することで、よりモチベーションアップの効果が期待できそうですね！

『買ったつもり』よりも『今度買う想像』の方が良い

よく「買ったつもりで我慢しましょう」という貯金アドバイスを目にします。でも「結局は買ってないから満たされないんじゃないかな？」「我慢大変だよね？」って思ったりもします。私だったら買ったつもりで我慢するのではなくて、「今度買うぞーーー！」という"想像"をして、貯金のモチベーションにつなげるようにします。

貯金上手な人をチェックする

私はInstagramや本、YouTubeなどで貯金上手さんをチェックして、「私も頑張ろう！」とモチベーションを上げています。「なんで私は貯金できないんだ…」とマイナスな気持ちだけにはならないように注意しましょう。

褒めてもらう

私は家族や彼氏など、本当に信頼している人に貯金の話をしています。妹が「将来について考えると不安になることもあるけど、お姉ちゃんが奨学金を返しながら、家族のためにプレゼントをくれたり家族孝行をしたりしているのを見ているから、私も頑張ればできるかなって前向きになれるよ！」と言ってくれたことがありました。妹にそう言ってもらえて本当に本当に嬉しかったです。私はこの言葉をずっとモチベーションにして、これからも貯金を頑張れると思います。

大切な人のために

私の一番のモチベーションです。「自分のために頑張ろう」って思うこともちろんあると思いますが、自分のためとなると、なぜか怠けてしまったり頑張れなかったりしませんか？不思議なのですが、大切な人のためなら頑張れたり、我慢を苦に感じなかったりします。自分の頑張りが大切な人のちょっとした幸せにつながるなら頑張りたいですよね。

家計簿を見る

貯金額が多かった月の
家計簿を眺めよう!

NMDは家計簿に可愛いシールを貼る

貯金通帳を見る

貯金目標を決める

モチベーション
上がりそう…!

貯金額をグラフ化する

目標貯金額までのカウントダウンをする

大調査!

みんなの貯金の
モチベーションを

同世代の平均貯金額と比べる

お金を使うときを想像する

なるほどー。
私も比べて
みようかな

お金持ちになったときを妄想する

妄想は大事です!

素敵な未来を妄想する

将来やりたいことを書き出す

これやってみたいです!
家計簿のメモ欄に
欲しい物を書くのも
良さそうですね!

欲しい物リストを作る

「ぽち。の投稿を見る」と
答えてくださる方が多くて嬉しかった（泣）

Instagramの貯金投稿を見る

推しを見てやる気を出す

昔の自分を振り返る

「自分えらいぞ！」って
褒めちゃおう！

「もう貯金なんてしたくない！」「どうでもいいや…」
って思ってしまう日もありますよね。
そんなときはみなさんの工夫を聞いて、一緒に乗り切りましょう！

上げる方法

いつも頑張っている
自分をいたわって、
また次の日から頑張ろう！

貯金を頑張ったらご褒美を買うと決める

月に何度かプチご褒美を買う

貯めるだけじゃなくてメリハリをつけて使う

頑張りすぎない

貯金を趣味にしちゃう

姉妹で貯金の報告をし合う

報告して褒め合ったり、
「来月はお姉ちゃんよりも
頑張るぞ！」ってやる気が出たり
するのも良いですね！

NOT 完璧主義

完璧にやらなくたって貯金はできます。
大丈夫、楽しくゆるーく続けることの方が大事です!

簡単に家計簿をつける

"簡単に"というのが大事で、1週間分の記録を数分で終わらせられるような家計簿が一番です。細かく記録するのも良いのですが、私の場合は続きませんでした…。それでも貯金はできるので心配はいりません!

"好き"に素直になる

「お金をかけて自分が幸せになるなら、好きな物にお金をかけてもいいじゃん!」と思います。もし好きな物にお金をかけすぎちゃって、「毎日の生活がしんどい」「幸せじゃない」と感じるなら、少しの見直しは必要かもしれませんね。

嫉妬をスパイスに

「お給料が高い人いいなー」って思うこともあります。「いいなー」って思うだけで終わらせないで、その嫉妬を糧に頑張っちゃいましょう! 頑張る動機って嫉妬からできているらしいですよ(モーニング娘。'17が歌っていました)。

どちらが幸せか天秤にかける

より幸せを感じるようなお金の使い方をしましょう。たとえば、コンビニスイーツを買って「今日1日の疲れが取れた…幸せ」って思うなら買うべきですし、「買うのを我慢したら、前から欲しい物を買えるな…」って思うなら買わない。簡単なことですが大切です。

貯金を楽しく続けるためのマイルール

やりくりの得意分野を見つける

私は食費のやりくりが得意です。料理を作るのが好きなので、自炊を頑張りながら食材費と外食のやりくりを頑張って、その分は他の好きなことにお金を使っています。

理想・目標・将来を思い浮かべながら

「あの素敵な洋服が欲しい」「奨学金を完済したい」「家を建てたい」など小さな願いから大きな願いまで、たくさん夢見ながら過ごしています。夢見るのはタダですし、貯金のモチベーションアップにつながりますもんね!

大切な人にお金を使う

大切な人にお金を使うことって、どうしてとっても嬉しく感じるのでしょうか? 大切な人が喜んでくれると自分も嬉しくなるから、結果的に自分の幸せも増えている気がします。

自分にもちゃんとお金を使う

頑張って働いて稼いだお金ですもん! 自分に使っていいですよ!
しっかり自分にお金をかけて、また明日からの家計管理を頑張りましょう。

褒めてもらう

家族や彼氏には貯金の話をしています。
「すごいじゃん!」「頑張ってるね!」って言ってくれるし、
「そんだけしか貯金ないの!?」なんて言えないですよね(笑)。
嬉しいし、もっと頑張ろうって思えます。

簡単なものでもマイルールを持つことが、
貯金を続けるコツです。
あなたにしっくりくるマイルールはあるでしょうか?

自分なりのルールを決めておけば、
くじけそうになったときに気持ちを立て直せるかも！
マイルールをフォロワーさんたちに聞いてみました。

みんなの貯金を楽しく続けるためのルール

先取り貯金をする

> 私も全額貯金
> してみたい（願望）

ボーナスは全額貯金する

貯金の目標を決める

ゆるく家計簿をつける

> やっぱりこれ
> 大事ですよね！

達成感を感じられるような家計管理をする

無理をしない

「頑張れないときもある」と割り切る

> そうですよ！
> 私も頑張れないとき
> あります！

できる範囲で頑張る

人生も貯金も
楽しんだもん勝ち！

貯金を楽しむ

自分のペースで

比べてしまって
落ち込むのだけは
避けたい…

他人とあまり比べない

自分を褒める

十分頑張っているもん！
自分を褒めよう！

メリハリをつけてお金を使う

好きなものにはお金をかける

この考え方素敵！
我慢した分
ご褒美が待ってるよ！

衝動買いはしない

我慢とご褒美はセットで考える

ゲーム感覚で貯金する

Instagramで貯金について投稿する

私はこのルールのおかげで
頑張れています！

ピン札は使わない

好きなサッカーチームが勝ったら千円貯金する

好きなアーティストがストーリー投稿したら10円、

フィード投稿したら100円貯金する

こういう楽しいルールが
あるの良いですね！

貯金を頑張ったら
したいこと

貯金好きな私ですが、お金を使うことも大好きです！「こんなことがしたい！」と
具体的な目標があれば、今よりもっと貯金を頑張れるはずです。
貯金を頑張ったらしたいことがたくさんあります。

旅行したい

「ディズニーランドのアトラクションにたくさん乗りたい！」「盛岡で本場のわんこそばを体験してみたい！」「沖縄でやちむんの食器を買いたい！」…などなど行きたい所、やりたいことはたくさんあるので、その分お金もたくさん必要です…。

コンサートに
行きたい

「大好きなアイドルのコンサートに行きたい!!」推しは推せるときに推しておかないといけないのです。卒業してしまってパフォーマンスが見られなくなる前に。そのためにも私（オタク）は貯金を頑張ります！

自分磨きをしたい

あっという間に25歳になり、美容にお金をかけたいなと思いつつ、どんな物を購入したらいいのかわからず…。美容の勉強をしつつお金を貯めて、自分磨きにお金を使いたいです！

おいしいお肉が
食べたい

普段は食べられないような、お高い
お肉を食べたいです!! 本場の神戸
牛を食べたときの感動が忘れられな
くて、お金を貯めてまた食べに行き
たい! お肉が大好きなので、他の地
域のお肉も食べてみたいです。

新しい冷蔵庫が
欲しい

同棲を始めてからも、一人暮らしのとき
に使っていた冷蔵庫を使い続けているの
で、二人暮らしサイズの冷蔵庫が欲しい
です。買ったらもっと料理を頑張ります!

ロボット掃除機が
欲しい

掃除しても掃除しても床にゴミが落ちてる!
(私だけ!?) できるだけ楽をしたくて、ロ
ボット掃除機の購入を検討中です。せっ
かくなら良いものが欲しいので貯金を頑
張ります!

パソコンが
欲しい

実は自分のパソコンを持っていないん
です…。今は彼氏のお姉さんからパ
ソコンを借りているのですが、自分用
のパソコンが欲しいです。パソコンを
買ったら、ずっとやってみたかった
YouTubeにも挑戦してみたいです!

フォロワーさんからいただいた回答を
ランキングにしました。
その数1000件以上！
夢はふくらむばかりです…！

大調査！
みんなが
貯金を頑張ったら
したいこと

1 旅行する

> ダントツで一番多い回答でした！
> 家族旅行・海外旅行・
> 世界一周・日本一周などなど。

2 結婚する

> 「結婚資金を貯めたい！」
> 「結婚式にお金をかけたい！」
> という方が多かったです。

3 同棲する

> 私も同棲のために
> 貯金を頑張っていましたよ…！

車を
買い替えたいという
方が多かったです！

4 車を買う

一緒に頑張りましょうね！！

7 奨学金を繰り上げ返済する

マイホーム憧れますよね！

5 マイホームを購入する

医療脱毛をしたい
という方が多かったです！
お金かかりますもんね…。

8 脱毛する

6 一人暮らしをする

9 家具を買う

引っ越し費用や家具・家電の購入費用など。
一人暮らしを始めるにはそれなりのお金がかかりますもんね。

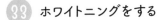

| 10 | 歯科矯正をする |
| 11 | 親孝行をする　素敵すぎる!! |

12	おいしい物を食べる
13	ブランド物を買う　爆買い・散財・大人買いなど。
14	大きな買い物をする
15	引っ越しをする
16	ディズニーランドに行く　私も行きたい!
17	コスメを買う　デパコスで気分を上げよう!
18	財布を買う
19	美容家電を買う　美顔器・スチーマー・脱毛器など。
	洋服を買う
	プレゼントを買う　彼氏、旦那さん、親へという回答がありました。
22	家電を買う
	ペットを飼う
24	美容整形をする
25	美容にお金をかける
26	ライブに行く
	投資をする
	推しに貢ぐ
29	結婚指輪を買う
	iPadを買う
	転職する
	留学する

33	ホワイトニングをする
	鞄を買う
	靴を買う
	アクセサリーを買う
	カメラを買う
	老後を楽しく過ごす
	会社をやめる
	ご褒美を買う
	積み立てNISAを始める
	セミリタイアする
43	子どもにやりたいことをやらせる
	将来のためにとっておく
	自己投資をする
	もう一度大学に行く
	整体に行く
	スキー用品を買う
	下着を買う
	スマホを買う
	習い事をする
	USJに行く
	自分のお店を持つ

貯金が
うまくいかない
ときは

原因は頑張りが足りないんじゃなくて
仕組みかも？
次のパターンに当てはまっていないか、
チェックしてみましょう！

？

毎月の貯金額に無理がある？

毎月の貯金額が多すぎたり少なすぎたりしていませんか？ 実際に貯金を始めてやりくりに慣れないと、自分にピッタリな貯金額はわかりません。焦る必要はないですよ！

**生活費が足りなくて
先取り貯金に手をつけてしまうときは…**

↳ 貯金額を減らしてみましょう。
貯金に慣れてきたら貯金額を増やすことを考えてみます。

思っていたより貯まらない…

↳ 先取り貯金の金額を増やしてみましょう。増やしすぎるとやりくりするのが難しくなるし、辛くなってしまうので注意です！

自由に使えるお金が少なすぎる？

貯金額や固定費が高すぎて、自由に使えるお金が少なくなっていませんか？ 自由に使えるお金が少ないと貯金することが辛いと感じたり、好きなことにお金を使えず、なんだか満たされない毎日になったりしてしまうことも…！ 自由に使えるお金は、少し余裕があるくらいの金額にするのがおすすめです。

貯金がうまくいかないときも
もちろんあるから、気にしないで！
できなくても大丈夫です。
とても不思議なのですが、
続けているうちに貯金が楽しくなって、
どんどんお金が貯まるようになるんです。
焦らずに一緒に頑張りましょうね！

何かにお金を
かけすぎている？

「知らないうちにまた金欠になっている…」という方は、何にお金をかけすぎてしまっているのか考えてみましょう。友達とごはんに行く回数が多すぎるのか、お菓子を買いすぎているのか、それとも急な出費が偶然続いてしまっているのか…。「無駄遣いをしちゃったな」と思うときは、お金の使い方に少し注意して生活してみましょう。でも、我慢のしすぎはだめですよ！

誘惑に負けてしまうような
機会・場面が多い？

用もないのに毎日コンビニに寄っていたり、好きな洋服屋さんをのぞいていたり。お金を使う機会を無意識に増やしていませんか？ 私だったら見たら欲しくなってしまうので（笑）、私のように誘惑に負けがちな人は、買ってしまうような機会・場面を減らしてみましょう。

目標が高すぎる？

目標に向かって頑張っているあなたはとても素敵です。でも、目標を高めにして頑張りすぎてはいませんか？ 頑張りすぎずに楽しく続けられる金額に変更してみましょう。楽しく続けられればきっとうまくいきます！

すごろくとか人生ゲームみたいに、貯金にも"1回休み"のときがあってもいいと思うんです。「疲れたな〜」「つらいな〜」と感じたらお休みしてください。貯金は毎日頑張らなくても大丈夫です。頑張りすぎて、その反動で散財…なんてことにならないように、ゆっくりマイペースにやりましょう。

ご褒美はとても大切だと思います。そんなにお高くはないけど、幸せになれたり疲れが取れたりするものがおすすめです！私はコンビニスイーツやケーキ・お菓子をご褒美にすることが多いです。ご褒美はたまーにだからこそ嬉しく感じる気がします。ずっと頑張り続けるのではなくて、たまには自分を甘やかしちゃいましょう。

苦手だった貯金を頑張り始めた方や慣れないやりくりに取り組んでいる方、本当に頑張っていると思います。そんな自分をしっかり褒めてあげてください。あなたは頑張っている！すごい！素敵です！自分がどのくらい頑張っているのか、一番わかってあげられるのは自分自身です。自分の頑張りを認めてあげてください。

貯金が つらいときは

貯金を続けていると、"つらい"と感じるときもあるかもしれません。そんなときに読んでもらいたいページです。

大丈夫！マイペースに
ゆっくりやりましょう。
一緒に楽しく貯金をしましょう。
私とみなさんは貯金仲間です！

できなくても大丈夫

思うように貯金ができなくても大丈夫です。うまく貯金できないことよりも、できないことに落ち込んでしまう方が心配です。初めから完璧にできる人なんていませんし、続けていくうちになんとなーく自分なりの方法が見つかって、できるようになるものです。心配しないで続けてみましょう。

楽しく続けることが大事

貯金は続けることがとても大事です。せっかく続けるのであれば、絶対に楽しい方がいい!!「楽しくない」「つらい」と感じる節約方法は思い切ってやめましょう。自分に合う節約方法で楽しく頑張ればいいのです。

頑張っている理由を思い出してみよう

貯金を頑張っている理由、貯金目標を思い出してみましょう。「もう少し貯金を頑張ってみようかな」って思えるかもしれません。ずっと目標のために頑張ってきたんですもん。頑張ってきた自分を信じて、もう少しだけ頑張ってみませんか？

家計簿を見返してみよう

頑張って続けてきた家計簿を見直してみましょう。「この時は節約うまくいったな〜」とか「やりくりが大変だったけど頑張ったな〜」とか。自分はこんなに頑張っていたんだなって気づくと思います。家計簿にはみなさんの頑張りが詰まっています！

スパッと解決！
貯金に関するお悩み

「貯金を始めたい」「続けよう」と思っても、悩みはつきもの…でも大丈夫！
フォロワーさんたちから寄せられたお悩みにお答えします。

> 給料が少ないから、
> 貯金するのが難しいんです。

収入を増やす or 出費を減らす

当たり前の話になってしまいますが、転職・副業などで収入を増やしたり、節約をして出費を減らしたりということをまずは考えますよね。収入を増やすための転職や副業は勇気や行動が必要で、精神的な負担も大きいと思うので、まずは出費の削減から始めてみることをおすすめします。

> 予想外の出費が続いてお金が貯まりません。
> 急に欲しい物ができたときのやりくりも大変…。

使っていい貯金を作って備えよう

私も以前はそうだったので、とても気持ちがわかります…。急な出費は絶対にあるものだと思って備える必要がありますよね。お金に余裕がある月もあると思うので、余裕がある分・生活費が余った分を"使っていい貯金"として貯めておきましょう！

> 今月の予算を使いすぎてしまいました。
> どうしよう!?

来月頑張ればいい◎

お金が足りなくなってしまうときは、貯金を崩してもいいんじゃないかなって思います。なんとか予算内に収めようと食費を節約して、体調を崩したりしたら大変ですからね。ストレスも貯金をする上で大敵です！貯金を使ってしまった分、その後頑張ればいいのです。

> 物欲に負けそうになって
> 我慢するとストレスになって、
> ストレス発散でお金を使っちゃう。

自問自答して気持ちを静める

私の場合、「今必要なのかな?」「他にもっと欲しい物なかったっけ?」と考えていたら気持ちがトーンダウンして、「別に買わなくてもいいか」ってなることが多いです。ですが、それでもやっぱり欲しいと思う物は買うようにしています。物欲に負けるのは決して悪いことではなくて、「たまには勝てればいいかな」くらいの軽い気持ちでいることも大事かなと思います。

> 頑張ってもこれだけしか貯まらないのかと思うと、
> くじけそうになる…。

現実を見つめつつプラス思考で!

くじけそうになりますよね。わかります。貯金を続けるといくら貯まるのかを想像して、心の準備をしつつ頑張ってみましょう。頑張れなかったら貯金0円ですもんね。「それなら少しでも貯まった方がいいよなー」って私は考えてみます。急にお金が貯まるような魔法なんてないから、コツコツ頑張るしかないんですよね。でも、できれば魔法でお金が増えたらいいなと思っています(笑)。

> 人付き合いが多くてお金がかかります…。

他のことで節約を頑張る or たまには断る

大学の頃の私の悩みはまさにこれでした。人付き合いが好きだったので、その分お金がたくさんかかりました。人付き合いが好きでお金がかかるのであれば、それ以外のことで節約すればいいかなと思います。自分が選んだわけではない人付き合いが多い場合は難しいですね。断れない場合も大いにあると思いますが、たまには断ってみることも必要かも?

必要最低限のことだけ合わせてもらう

お互いの感覚が違うのは仕方ないことかもしれませんが、めちゃくちゃ浪費癖があると困りますよね。二人で頑張ってお金を貯めたい気持ちはもちろんありますが、貯金することがストレスになってしまうのは嫌。私の場合、生活するため、将来のために必要なお金を最低限は残してもらって、「残りは好きなように使って！」というスタイルでいるようにしています。たまに「えー！ そんなにお金使ったの!?」とか言ってしまいますが…彼氏よ、許してくれ（笑）。

家計簿のつけ忘れが続くと、やる気がなくなります。

家計簿をつけ忘れたって大丈夫！

私もたまに家計簿をつけ忘れますが、全く気にしていません（笑）。できる限りレシートはもらうようにしているのですが、レシートがもらえないような出費もありますよね。そういう出費は家計簿につけるのを忘れがちです。でも、実際にちゃんと貯金できているから大丈夫です。「つけ忘れても大丈夫」って思っておけばやる気がなくなることもありません。

把握 or 減らす or 使わない

「気づいたらたくさんお金を使っていた…」ということがクレジットカードでは多い気がします。そんな方におすすめしたいことが3つあります。①支払い金額がいくらあるのかをしっかり把握すること。②クレジットカードを使ったら、その分のお金を生活費からよけてクレジットカードの引き落とし口座に入金すること。③クレジットカードは使わないようにすること。クレジットカードは便利だったりお得だったり、いいところがたくさんあると思うのですが、私のように貯金が苦手な人・苦手だったという人には使いこなすことが難しい気がします。家計管理に慣れてから上手に使うことをおすすめしたいです！

レシートの保管が面倒くさい…。

記録したら捨てちゃおう！

私はレシートを保管していません。お財布にレシートが増えてきたら家計簿に記録して、そのまま捨てちゃいます。そうすることで、お財布にレシートが貯まってきたら家計簿をつけるという流れもできるし、おすすめですよー！

お金を持っていると、あればあるだけ使ってしまいます…。

1か月に使っていい金額を把握しよう

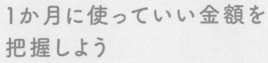

いくらまでなら使っていいのかわからなくて、気づいたらお金を全部使ってしまった…なんてことが多いのでしょうか？使っていいお金を把握するのはとても大事なことです。私の場合は「この金額で1か月生活しなくちゃいけない！」って把握できたことで、知らぬ間にやりくりできるようになりました。

少しケチになっちゃう自分が嫌。

ケチは悪いことではない！

少しケチになってしまうのは悪いことではないと思います。"ケチ"って言葉はあまり良くないイメージを持たれがちだと思います。ですが「将来のためにお金を貯めたい！」とか「買いたいものがある！」とか、理由があって頑張っている素敵な方なのかなーなんて思ったりもできますよね。そう思うとケチな人が愛おしく思います（笑）。私の理想は、自分に関するお金はケチるけど、大切な人にはお金をかけるような、メリハリをつけられるケチです（笑）。

Instagramで節約術を調べる

"#貯金""#家計管理"などでついつい検索してしまいます（笑）。節約上手さんのやりくり方法を見てモチベーションを上げています。

通帳を眺めるのが楽しみ

金額が増えていく通帳を眺めるのが楽しみです！にやにやしながら眺めがちです。

私が思う「貯金好きあるある」のご紹介です。みなさんは何個当てはまるでしょうか？

貯金好き

貯金が趣味

貯金が好きすぎて趣味のひとつになっています。貯金は楽しいので好きです。

書店の貯金・節約本コーナーをチェックする

しょっちゅう行くと品揃えはほとんど変わらないのに、ついついチェックしてしまいます。

ATMで
記帳するときの
音が好き

記帳するときのあの独特な音が好きです（笑）。
わかってくれる方いるでしょうか…？

物欲はない
わけじゃない

貯金が好きですが、
物欲がないわけではありません。
うまく物欲と付き合いながら
生活していますよー。

あるある

お肉は
100g100円以下
の物を購入

100g100円以上だと、買うか悩みます。
自分なりの基準を作っています。

物を買うときに
とても悩む

本当に必要な物かを
よく考えるようになって、
衝動買いができなくなりました。
良くも悪くも即決できません（笑）。

幸せに過ごすためのマイルール

自分やまわりの人が幸せに過ごすための、
大切なマイルールをご紹介します。
ちょっとしたルールで毎日幸せに過ごしちゃいましょう!

なにごとも楽しく

どうせなら楽しい方がいいですよね! 考え方次第で「あれ? 楽しいかも!」って思えることってたくさんあると思うので、たとえ大変なことでもその中に楽しさを探して取り組むようにしています。

幸せを数える

悲しいことは忘れられないのに、幸せなことって忘れがちな気がします。嬉しいことは書き留めて残しておきます。辛いときや落ち込んだときに見直して、また頑張るための力の源にしています!

まわりと比べて落ち込まない

まわりと比べてしまうことはもちろんありますが、比べて落ち込まないように気をつけています。「あの人はきれいでいいな〜、私もダイエットを頑張ろう!」とか、「お給料が高い人はいいな〜、給料が少なくても貯金貯めるぞ!」とか。比べた後にプラスに変換できるようにしています。

笑っておこう

"笑う門には福来たる" という言葉がある通りです！私は「1日1回の大笑い」を目標にしています。気づいたら目標を達成している毎日に感謝しています。

やったもん勝ち

人生一度きりですもん。せっかくならいろいろなことに挑戦してみたいなって思います。家計管理の記録として始めた Instagram ですが、やっていなかったらずっとだらだら過ごしてしまって、刺激のない毎日を送っていたのかなって怖くなります…。やってよかったです！

「私は〇〇！」ごっこをする

有名人や理想とする人になったつもりで頑張ります。とてもしょうもないことなのですが、頑張るきっかけになったりするので、ぜひ一度試してみてほしいです。「私は主人公なんだから、こんなことで負けてられない！」って頑張るスイッチが入りますよ。

休憩も大事

頑張っている方はとても素敵ですが、頑張りすぎも良くないですよね。休憩することは悪いことではないので、しっかり心と体を休めながら過ごしてほしいです。自分はどんなことでリフレッシュできるのか知っておくといいですね。

感謝の気持ちを言葉にする

感謝の気持ちを忘れないことはもちろん大事で、言葉にすることはもっと大事かなと思います。「ありがとう」って言われたら嬉しいですもん！自分が言われて嬉しい言葉は、私も伝えるようにしています。

夢見るこれからのこと

悩んだり、まだまだ先の話だったり、
思い通りに行かなかったり
することもあるけれど、
夢見ることが
貯金をする原動力にもなります。

仕事のこと

社会人4年目の管理栄養士です

食べることが大好きで管理栄養士になりました。福祉施設で高齢者の
食事管理をしています。毎日の食事が生活をする上での楽しみになれ
ば…と思いながら頑張っています。

仕事の悩み

たとえ職業が違っていても、抱えている悩みや葛藤は、この本を読ん
でくれているみなさんとそれほど違わないんじゃないかと思います。社
会人になって現在4年目ですが、今までは気づくことさえできなかった、
自分の苦手なことやできないことがたくさん浮き彫りになって、今が一番
つらいときかもしれません。もっと頑張ろうと思うのですが、うまくいかな
かったり空回りしたり。「できないことに気がついただけいいか」と無理
やりプラスに考えるようにしています。

これからの目標

まだまだ知識不足なので勉強を続けていきたいです。せっかくなら資格
も取りたいと思っていて、資格取得のための自己投資もしていきたいな
と思っています。そのためにも貯金を頑張ります!

家族が大好き

私が頑張れるのは大好きな家族がいるからです。家族に喜んでもらえることが私の幸せです。貯金を頑張るためのモチベーションになっている家族のみんなに感謝しています。

家族のための貯金

家族のために貯めようと頑張ってきた500円玉貯金が、あともう少しで目標の10万円を達成できそうです。何に使うか家族会議をする予定です。旅行をするか、おいしい物を食べるか、大型家電を買うか…。多分「自分のために使いなさい」と家族は言うでしょうが、「家族のために」と思わなかったら頑張れなかったし貯められなかったお金なので、私の好きなように家族のために使おうと考えています。

これからの目標

家族のための貯金はこれからも続けます。それから家族の誕生日プレゼントやお年玉も、今まで通り用意したいです。そのためにも楽しみながら貯金を頑張ります。

彼氏は貯金を始める
きっかけです

「この人と結婚したい！ そのためにも貯金を頑張らないと」と思わせてくれた人です。彼氏と出会わなかったら、今でも貯金できていなかったと思います。そう思うと彼氏には感謝しないといけないですね。

目標1：結婚資金を貯める

同棲中はゆるくコツコツと貯めようと思うのですが、もし！ もしですよ！ プロポーズされたら本格的に結婚資金を貯め始めたいと思っています。お互い我慢しすぎず、楽しく貯めるのが理想です。

目標2：出産、教育資金を貯める

今から出産にかかる費用などを少しずつ勉強していきたいと思います。それから「子どもには好きなことをやらせてあげたいね」と二人で話していて、習い事にお金をかけたり、学校も好きな所に行かせてあげたりしたいです。子どもを大学まで行かせることは本当に大変なことだと両親を見ていて感じるので、私たちも頑張らなくちゃと思います。本当に親ってすごい…。

目標3：マイホーム資金を
　　　　　貯める

家は絶対に建てたいです。マイホームを建てることは二人の夢です。夢を叶えるためにも今から貯金を頑張りたいです。今から頑張っておくことで、頭金を多く用意することができるでしょう。毎月のローンを少なくできたら嬉しいな〜。まだ結婚もしていませんが（笑）、素敵な未来のために二人で頑張ります。

目標1：1年間で110万円貯金する！

普通貯金・奨学金貯金・特別費貯金などを全部合わせて、110万円の貯金を目指します！

普通貯金：50万円　　奨学金貯金：49万円

カップル貯金：8万円（二人で16万円）　　特別費貯金：3万円

目標2：2022年末までに　　奨学金216万円を完済する！

2018年から始めた奨学金貯金。順調に貯めることができていて、今の自分になら達成できる気がします。早く完済して他の貯金ペースを上げたいと思っています。

目標3：35歳までに　　普通貯金1000万円

結婚、出産などを考えずに1000万円くらい貯められたらなと思うのですが、多分、いや、結構厳しいです（笑）。ですが、あえて大きな目標を夢見ています。私の貯金だけでこのくらいになれば、彼氏の貯金も足せば…。素敵なマイホーム建てたい!!

25歳：　70万円　　…現在の普通貯金が約70万円です。

26歳：120万円

27歳：170万円

28歳：270万円　　…奨学金完済で貯金額UP!（するはず）

29歳：370万円

30歳：470万円

31歳：570万円

32歳：670万円

33歳：770万円

34歳：870万円

35歳：970万円　　…残り30万円は細々と貯めます（笑）。

素敵な将来を夢見ながら、これからも貯金を頑張ります！

おわりに

最後まで読んでくださってありがとうございます。この本を読んで、
「貯金って楽しそう!」「貯金を頑張ってみたいな!」と
少しでも思っていただけたら幸いです。

この本をお読みになった方はお気づきでしょうが、
私は特別なことは全くしていません。
誰にでもできるような簡単で当たり前のことを、
自分なりに楽しくやっているだけなんです。
だからこそ貯金が苦手でどうしたら良いかわからないと悩んでいる方に、
お伝えしたいことがたくさんありました。

お金を貯めることは大事ですが、
毎日を楽しく過ごすことも、素敵な将来を夢見ることも、
諦めてほしくない。
そんな気持ちで、貯金が苦手だった私がどうやって貯金できるようになったのかを
赤裸々につづりました。
背中を押すというよりも、隣で寄り添って一緒に頑張っていけるような、
そんな1冊になればと思います。

最後になりますが、この本を出版するにあたり支えてくださったみなさんに、
この場を借りて心からの感謝の気持ちを申し上げます。

私に本の出版について声をかけてくださった自由国民社の井越さんをはじめ、
編集の上野さん、デザイナーの吉村さん、イラストレーターの西さん。

本の出版を応援してくれた家族・彼氏・彼氏のご家族・職場の上司・先輩。

そしていつも私の投稿を見て応援してくださる、フォロワーのみなさん。

改めて、こんなにたくさんの方に支えていただいて、本を出版することができるこ
とを嬉しく思います。私は本当に幸せ者です。

これからも、この本で掲げた「ためる」「つかう」「ゆめみる」をテーマに楽しく
生活していきたいと思います。本当にありがとうございました。

ぽち。

1. 基本の一人暮らし用家計簿 （B5縦2枚／白黒）

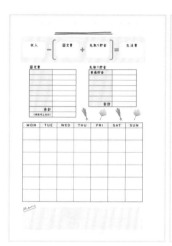

2. 二人暮らしのための家計簿 （B5縦3枚／白黒）

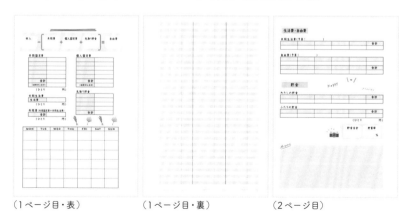

（1ページ目・表）　　　（1ページ目・裏）　　　（2ページ目）

3. 面倒くさがり屋さんのための簡単家計簿

（B5縦1枚／白黒）

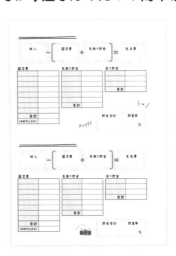

4. 各種貯金に使える貯金記録表 （B5横1枚／白黒）

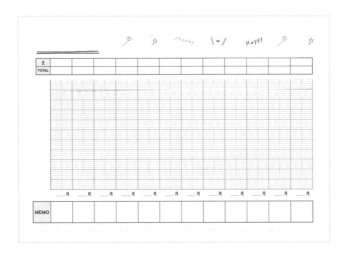

封筒 （A4縦5枚・横5枚／カラー）

1

2

3

4

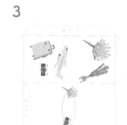

5

ぽち。

北海道在住、社会人4年目の25歳。福祉施設で働く管理栄養士。大学4年間で216万円の奨学金を借り、2022年末までに完済することが目標。フォロワー約20万人のInstagram「ぽち。＊管理栄養士の貯金生活＊」で、真似してもらいやすい貯金方法や料理などについて投稿している。

Instagram
@pochi_pokepoke_money

今も未来も大切にする

しあわせ貯金生活

2021年4月21日　初版第1刷発行
2021年5月13日　初版第3刷発行

著者　　　ぽち。

デザイン　吉村朋子
イラスト　西　ちひろ
企画　　　井越慧美（自由国民社）

発行者　　石井　悟
発行所　　株式会社自由国民社
　　　　　〒171-0033 東京都豊島区高田3-10-11
　　　　　電話 03-6233-0781（営業部）
　　　　　　　　03-6233-0786（編集部）
　　　　　https://www.jiyu.co.jp/
印刷所　　大日本印刷株式会社
製本所　　加藤製本株式会社